**Vorsicht** Im Sumpf lauern Drachenschlangen!

*Die Galaxis erkunden wir werden!*

# LEGO STAR WARS

# YODAS REISE DURCH DIE GALAXIS

**Text von
Simon Hugo**

# INHALT

| | |
|---|---|
| **Einführung in die Galaxis** | 08 |
| **Kapitel 1: Kernwelten** | 10 |
| Coruscant | 12 |
| Corellia | 14 |
| Alderaan | 16 |
| **Kapitel 2: Innerer und Mittlerer Rand** | 18 |
| Jakku | 20 |
| Unterwegs in Niima | 22 |
| Takodana | 24 |
| Naboo | 26 |
| Kashyyyk | 28 |
| Pasaana | 30 |
| Jedha | 32 |
| Vandor | 34 |
| **Kapitel 3: Äußerer Rand** | 36 |
| Wolkenstadt | 38 |
| Die untere Wolkenstadt | 40 |
| Hoth | 42 |
| Ein Blick in die Echo-Basis | 44 |
| Endor | 46 |

| | |
|---|---|
| **Crait** | **48** |
| **Tatooine** | **50** |
| **In Mos Eisley** | **52** |
| **Ein Tag in der Wüste** | **54** |
| **Dünenmeer-Safari** | **56** |
| **Geonosis** | **58** |
| **Mustafar** | **60** |
| **Ajan Kloss** | **62** |
| **Scarif** | **64** |
| **Dagobah** | **66** |
| **Lothal** | **68** |
| **Kapitel 4: Andere Orte** | **70** |
| Kamino | 72 |
| Ahch-To | 74 |
| Nevarro | 76 |
| Exegol | 78 |
| Begriffe | 80 |
| Register | 82 |
| Dank | 84 |

Vorsicht! Bis hier und nicht weiter!

# EINFÜHRUNG IN DIE GALAXIS

Ein großer Ort die Galaxis ist! Den besten Reiseführer du brauchst, wenn erkunden du sie willst … Doch Glück du hast, denn gefunden hast du ihn schon! Unzählige Welten gesehen ich habe. Auch ein Jedi-Meister Urlaub braucht! Mit diesem Buch deine eigene Auszeit planen du kannst, als ob bei dir ich bin. Selbst wenn auf Jakku du festsitzt – ohne Raumschiff und Koffer –, Abenteuer erleben mit Worten allein du kannst. Machtvoll die Fantasie eines Lesers ist!

Reise sicher und möge die Macht mit dir sein

*Yoda*

ABFLUG

Äußerer Rand

Mittlerer Rand

Kernwelten

Innerer Rand

**DAGOBAH**
Möchtest du hierhin als Nächstes reisen?

Benötigen Sie Hilfe mit Ihren Koffern, Sir?

# Tour mit den Coruscant-Sicherheitskräften

Buche eine Tour – oder auch nicht! Wir nehmen dich so oder so mit!

Panorama-Shuttle-Bus Coruscant
Monument-Plaza

# Wie war es auf Alderaan?

Komm zur Talkrunde um 14:30 Uhr auf dem Aussichtsdeck!

# CORELLIA

**Stadt Coronet**

## PARK-VERSTOSS

Zahlen Sie innerhalb von 2 Tagen nach Erhalt dieses Strafzettels oder Ihr Fahrzeug wird vernichtet.

**FAHRZEUGDETAILS**
SILBERNER FLITZER 6355-8880

**ORT DES VERGEHENS**
STATION JUNISTRASSE – BLOCKIERTER FEUERHYDRANT

DETAILS UMSEITIG

**KAPITEL 1**

# KERNWELTEN

Auf diesen nach ihrer Nähe zum Galaktischen Kern benannten Welten finden sich einige der reichsten und technisch fortschrittlichsten Zivilisationen der Galaxis. Dir steht der Sinn nach einem rasanten Städtetrip? Dann bist du hier genau richtig!

# CORUSCANT

So viel wie auf der galaktischen Hauptwelt ist nirgends los! Du kannst dein ganzes Leben hier verbringen und trotzdem nie alle Ecken kennen – auch nicht, wenn du so alt wirst wie Meister Yoda. Der Himmel ist ständig voller Schiffe, und der ganze Planet ist eine einzige Stadt!

**Dex's Diner**
**Das beste Essen im KoKo-Quartier**
Gönn dir eine eiskalte grüne Brause aufs Haus!

## Typisches Wetter
Oft bewölkt, immer computergesteuert

## Lokal-Tipp
**Dex's Diner**
Der nette Besitzer Dexter Jettster braucht alle vier Arme, um mit den Bestellungen in dem beliebten Lokal im KoKo-Quartier nachzukommen. Lass dir die Spezialität des Hauses nicht entgehen: getoastetes oder thermobestrahltes Clubsandwich!

*Coruscant-Polizeikanonenboot*

## Wer ist wer auf Coruscant?

**Der Jedi-Rat**
Weise Jedi-Meister wie Ki-Adi-Mundi verbrachten hier einst einen Großteil ihrer Zeit im Jedi-Tempel.

**Die Senatsgarde**
Die blaue Uniform der Wachen der Senatsgarde ist ein Symbol für die galaktische Regierung.

# KERNWELTEN

## TOP 3 REISE-TIPPS

### 1. Der Galaktische Senat
Im Senatssaal wird Politik nie langweilig: Die über 1000 Senatoren kommen in fliegenden Plattformen zusammen!

### 2. Der Jedi-Tempel
Die Jedi lebten hier jahrhundertelang, bis der Imperator den Tempel in seinen Privatpalast verwandelte.

### 3. Die Unterwelt
Die unteren Ebenen des Stadtplaneten sind düster und gruselig. Um ihn ganz zu kennen, muss man sie gesehen haben.

*Zeig mal deinen Ausweis, Kurzer!*

**WÄHL PALPATINE ZUM IMPERATOR!**
**DIE EINZIGE\* WAHL!**
\* Wortwörtlich!

*Meinen Ausweis ihr nicht zu sehen braucht!*

**RETTE CORUSCANTS HISTORISCHE BAUTEN!**
Gib den Steinmilben keine Chance!

## Packliste

1. Deine besten Klamotten für einen Besuch im Opernhaus

2. Deine ältesten Klamotten, damit du in der Unterwelt nicht auffällst

3. Ein Atemgerät ist in der Unterwelt auch sinnvoll!

### Stoßtruppler
Die Stadtpolizisten sind alles andere als freundlich. Frag sie nie nach dem Weg!

### Droiden
Auf Coruscant gibt es Droiden für jeden Zweck. Medidroiden führen sogar Operationen durch!

# CORELLIA

Corellianer sind bekannt dafür, durch die Galaxis zu ziehen. Besucht man ihre Heimatwelt, kennt man auch den Grund! Am Tag sind die schmutzigen Städte von Fabriken und deren Abgasen geprägt. Bei Nacht erscheinen kriminelle Banden wie die Weißwürmer.

**ELTERN, SCHÜTZT EURE KINDER VOR WÜRMERN!**

**SCHREIBT SIE EIN FÜR DIE IMPERIALE FLOTTE**

*Hm! Alle Gleiter anhalten sollten beim grünen Männchen!*

**Landgleiter der Weißwürmer**

## Wer ist wer auf Corellia?

**Han Solo**
Han kam auf Corellia zur Welt. Er lebte dort als Wühlratte, bis er fliehen konnte und Pilot wurde.

**Qi'ra**
Die clevere Qi'ra arbeitete zusammen mit Han als Wühlratte für die Weißwürmer.

KERNWELTEN

# Typisches Wetter

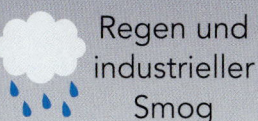

Regen und industrieller Smog

# WAS IST ANGESAGT AUF CORELLIA?

**Achte** auf „Wühlratten", junge Diebe, die für eine kriminelle Bande arbeiten.

**Buche** deinen Rückflug lange im Voraus. Am Raumhafen gibt es oft lange Warteschlangen.

**Rede nie** mit imperialen Rekrutierungsoffizieren. Sonst endest du noch als Schlammtruppler!

**Streichle nie** einen corellianischen Hund. Sie beißen noch heftiger, als sie bellen!

**Imperialer Patrouillengleiter**

**DEMNÄCHST IN CORONET**

Diese Woche: Spendengala „Rettet die corellianischen Hunde!"

Nächste Woche: Spendengala „Rettet uns vor den corellianischen Hunden!"

**Frischer Fisch** – Auf zum Fischmarkt von Coronet!

## Von A nach B

Am besten mietet man sich einen Landgleiter, um mehr von Corellia zu sehen. Aber Obacht, der schnelle Flitzer M-68 wird gern von Wühlratten gestohlen!

**Moloch**
Dieses Mitglied der Weißwürmerbande ist tatsächlich ein riesiger Wurm!

**Rebolt**
Der fiese Rebolt war einer der Lieblingsschläger der Weißwürmer.

# ALDERAAN

Diese in der Galaxis für ihre Schönheit bekannte, friedvolle Welt war einst für jeden Reisenden ganz oben auf der Liste. Doch setzt du heute Kurs auf Alderaan, siehst du an dieser Stelle im All nur noch die Überreste des vom Imperium gesprengten Planeten!

**WILLKOMMEN IM ALDERAAN-SYSTEM**
Bitte Vorsicht in unserem Asteroidenfeld!

## 💬 Alderaan – Kritik

**DunklerLord66**
Das Beste an Alderaan war die Explosion des Planeten. Leider kann ich keine fünf Sterne vergeben, da er zuvor so lange nicht explodiert ist.
★★★★☆

*Tantive IV*

## Wer ist wer im Alderaan-System?

**Leia Organa**
Leia wuchs hier als Prinzessin auf. Sie zog aus, um sich gegen das Imperium und später die Erste Ordnung zu wehren.

**Bail Organa**
Bail und seine Ehefrau Breha, die Königin von Alderaan, adoptierten Leia als Baby und erzogen sie zur Rebellin.

KERNWELTEN

## Typisches Wetter

Alderaan war bekannt für schönes Wetter und Schnee in Höhenlagen.

## WAS IST ANGESAGT IM ALDERAAN-SYSTEM?

**Gedenke** dem Planeten am Asteroidenfeld, wo er sich einst befand.

**Ramme** mit deinem Schiff **nie** einen der Asteroiden!

**Sieh** dir den Stern an, der Alderaan reizvolle Sonnenuntergänge schenkte.

**Vergiss nie**, nach Überlebenden auf alderaanischen Schiffen wie der *Tantive IV* Ausschau zu halten.

## Packliste

1. Ein Raumanzug – falls du dein Schiff verlassen möchtest

2. Proviant – Restaurants wirst du hier nicht finden!

3. Taschentücher – der Gedanke an Alderaans Ende ist zum Weinen!

### ALDERAAN
*Wärst du doch hier!*

**Raymus Antilles**
Der Captain der *Tantive IV* war ein Vertrauter der Familie Organa.

**Cara Dune**
Das friedliebende Alderaan ist die Heimatwelt der toughen Cara.

## UNKAR PLUTTS HANDELSKONTOR
*Du suchst es – wir haben es!*

## Königspalast von Naboo

I ♥ Amidala

**NABOO-PALAST**

**BESUCHER: BITTE NICHT WEITERGEHEN!**
DIE KÖNIGLICHEN GEMÄCHER WERDEN DURCHGEHEND GENUTZT.

**FAHRE MIT DEM RAUPENZUG AUF VANDOR!***

*\* NUR FÜR DIE IMPERIALE ARMEE*

Raupenzug-Conveyex
GEBIRGSTRUPPLER
Für 1 Person
Bordbistro in Waggon 3

## KAPITEL 2

# INNERER UND MITTLERER RAND

Rund um den Galaktischen Kern sind die Welten des Inneren und Mittleren Rands Heimat vieler verschiedener Spezies wie Gungans und Wookiees. Von all diesen Planeten aus kann man gut die weite Galaxis erkunden.

# JAKKU

Es gibt einen Grund, weshalb Jakku keine Touristen anzieht: all der Sand! Mag man ihn, gibt es viel schönere Orte. Mag man ihn nicht, hat Jakku sonst nicht viel zu bieten – außer man ist Schrottsammler und durchforstet den Sand gern nach Hinterlassenschaften anderer!

**VORSICHT!**

**EIN LUGGABIEST IST LOS!**

## Packliste

**1.** Jede Menge Snacks – Essen ist hier Mangelware!

**2.** Technikschrott zum Tausch im Niima-Außenposten

**3.** Schutzbrille und Stiefel, damit kein Sand in Augen und Socken dringt!

*Teedo zatana tappan-aboo!*

**Teedo auf einem Luggabiest**

## Wer ist wer auf Jakku?

**Rey**
Rey wurde als Kind auf Jakku zurückgelassen und wuchs allein dort auf.

**Finn**
Finn kam als Sturmtruppler nach Jakku, aber er ging als freier Mann!

**INNERER UND MITTLERER RAND**

## Typisches Wetter
Glühend heiß am Tag, aber eiskalt in der Nacht.

ERSTE ORDNUNG
JAGD AUF DIE SCHROTTSAMMLERIN
Wer diese Frau findet, erhält eine Belohnung!

SAND • MEHR SAND • NOCH MEHR SAND

## Von A nach B
Um zurechtzukommen auf Jakku, brauchst du ein eigenes Transportmittel. Wieso baust du dir nicht wie Rey einen Gleiter?

*Teedosprech ich nicht beherrsche!*

# TOP 3 REISE-TIPPS

## 1. Schiffsfriedhof
Geh inmitten der Raumschiffe, die im letzten Gefecht zwischen Imperium und Rebellion in der Wüste abstürzten, auf die Suche nach Souvenirs.

## 2. Außenposten Niima
Niimas Raumhafen ist deine erste Anlaufstelle – und beizeiten wirst du Jakku von hier wieder verlassen wollen!

## 3. Goazon-Ödland
Ehe sie zur galaktischen Heldin wurde, lebte Rey in einem imperialen Läufer, der hier umgestürzt in der Wüste lag.

**Lor San Tekka**
Dieser weise alte Mann half dabei, Luke Skywalker zu finden.

**Teedo**
Diese Schrottsammler reiten auf Luggabiestern, um die Wüste abzusuchen.

# UNTERWEGS IN NIIMA

Auf Jakku ist nicht viel los – außer im Niima-Außenposten, wo der einzige Raumhafen des Planeten ist. Der wichtigste Mann hier ist Unkar Plutt – ein fieser Händler, der Raumschiffe und Ersatzteile verkauft. Er besorgt dir alles, lässt es von seinen Handlangern aber teils wieder stehlen!

## Reise-Tipp

Halte im Niima-Außenposten die Augen nach Schnäppchen offen! Unkar Plutt hatte den *Millennium Falken* hier im Angebot – bis Rey und Finn ihn „geborgt" haben!

**Unkars Handelskontor**

**PARKEN AUF EIGENE GEFAHR**
KEINE GARANTIE FÜR UNBEAUFSICHTIGTE QUADJUMPER

**INNERER UND MITTLERER RAND**

# WAS IST ANGESAGT IN NIIMA?

*Mach ein Selfie am Niima-Tor!*

**Tausche** bei Unkar Schrott gegen Essen.

**Erwarte nie** eine leckere Mahlzeit.

**Beobachte** wachsam deine Umgebung.

**Sieh dir** dabei **nie** allzu lange Unkar an. Er sieht furchtbar aus!

**Vorsicht**
Unkar Plutts Handlanger streifen hier umher!

**Aufpassen!**

*Dulden Plutts Betrügereien ich werde nicht!*

### Niima für Droiden

Als Droide solltest du dich auf Jakku besonders vorsehen. Bleibe immer in Sichtweite deines Besitzers – ohne dir dabei die Augen klauen zu lassen!

# TAKODANA

Auf Takodana kannst du allem entfliehen – deshalb tauchen Schmuggler und Gauner auch gern hier unter! Die Wälder und Seen sind ein Muss für Naturfreunde, aber die größte Attraktion ist das gut besuchte Schloss von Piratenkönigin Maz Kanata.

**Typisches Wetter**
Sonnig und trocken

### Reise-Tipp
Maz' Schloss war einst ein Jedi-Tempel. Frage sie höflich, dann zeigt sie dir vielleicht einige der antiken Schätze!

Das Skywalker-Lichtschwert

**1-a-Reiseziel**
DIE RIESIGE STATUE VON MAZ!
*Takodana Tours*

## Wer ist wer auf Takodana?

**Maz Kanata**
Maz hieß über Hunderte von Jahren Gäste in ihrem Schloss willkommen!

**Han Solo**
Maz ist immer erfreut, wenn dieser Rebellenheld in ihr Schloss stolziert.

**INNERER UND MITTLERER RAND**

**1-a-Übungsziel:**
DIE RIESIGE STATUE VON MAZ!
*Die Erste Ordnung*

# WAS IST ANGESAGT
## IN MAZ' SCHLOSS?

**Befolge** stets Maz' Regeln!

**Fange nie** Streit an! Das solltest du eh nicht, aber hier ist es eine Regel.

**Frage** Maz nach ihren Reisen und Abenteuern aus vielen Jahrhunderten.

**Bleibe nie** länger als eine Nacht – sonst wird es teuer!

*Ich dachte, Ihr wäret größer!*

*Oft gehört ich das schon hab.*

Maz' Schloss

### Packliste

**1.** Ein Musikinstrument – wer gut spielt, kann gratis im Schloss wohnen!

**2.** Schwimmzeug für ein Bad im Nymeve-See

**3.** Credits – fast jeder Gast im Schloss hat etwas zu verkaufen!

**General Leia**
Leia und Han trafen sich hier nach Jahren der Trennung wieder.

**Chewbacca**
Maz nennt Chewie „ihren Freund", was ihn nicht zu stören scheint!

# NABOO

Ein Trip nach Naboo mit seinen blauen Seen und grünen Grasebenen ist wie zwei Urlaube in einem! Starte in der Stadt Theed, wo Menschen in Palästen und auf prächtigen Plätzen weilen. Dann tauche zur Unterwasserwelt der Gungans ab – aber gib auf Seeungeheuer acht!

## Sprachführer
Gunganisch

*Hallo! –* **Hallolo!**
*Toll! –* **Superheftig!**

*Alles im Lot in einem Gungan-U-Boot!*

*Tägliche Fahrten mit dem Triblasen-Bongo*

*Auf Tiefflieger achtgeben du musst!*

Naboo-Sternenjäger

## Wer ist wer auf Naboo?

**Padmé Amidala**
Naboos berühmte Königin ist viel freundlicher, als sie hier formell geschminkt aussieht.

**Jar Jar Binks**
Der tollpatschige Gungan half dabei, dass sein Volk und die Menschen von Naboo Frieden schlossen.

**INNERER UND MITTLERER RAND**

## Typisches Wetter

Viel Sonnenschein und gelegentliche Regenschauer

# TOP 3 REISE-TIPPS

### 1. Königspalast
Weise Königinnen wie Amidala richten sich von hier an ihr Volk und werden selbst von ihren Zofen hergerichtet.

### 2. Otoh Gunga
Jeder Gungan bleibt dank der großen blasenförmigen Kraftfelder ringsum in dieser Unterwasserstadt stets trocken.

### 3. Festival des Lichts
Dieses alljährliche farbenfrohe Fest auf Naboo ist schon über 800 Jahre lang gefeiert worden!

**RIESIGE SEEUNGEHEUER!**

## Packliste

1. Fischfutter – um zu verhindern, dass du selbst zu Fischfutter wirst!

2. Deine feinsten Kleider für einen Spaziergang im schicken Theed

3. Deine besten Stiefel für eine Wanderung durch die Sümpfe

### Von A nach B
Kampfdroiden fielen mit Schwebepanzern einst auf dieser Welt ein. In einem Flash-Gleiter heißt man dich herzlicher willkommen!

### Roos Tarpals
Die Gungans sind eine amphibische Spezies: Roos lebt ebenso gern an Land wie im Wasser!

### Sheev Palpatine
Ob du es glaubst oder nicht, der böse Imperator wurde auf Naboo geboren!

# KASHYYYK

Die Heimatwelt der Wookiees ist ein Waldparadies, doch auch dort ist nicht alles rosig! Im Laufe der Jahre litt der Planet unter einer Droideninvasion und der langen Zeit imperialer Herrschaft. Such dir am besten für Reisen hierher einen Wookiee als Begleiter.

**DROIDENKANONEN-BOOTE VERURSACHEN WALDBRÄNDE!**

Sichtungen bitte dem örtlichen Wookiee-Förster melden.

**Besuche Wullffwarros Holzwelten!**

Traditionelles Handwerk von Kashyyyk: Bogenspanner, Schilde und mehr aus fein geschnitztem Wroshyr!

*Zurück sie sind, diese lästigen Droiden!*

## Wer ist wer auf Kashyyyk?

**Chewbacca**
Han Solos bester Freund, und Reys Co-Pilot, kennt jeden Winkel seiner Welt – er sollte Touren anbieten!

**Tarfful**
Dieser tapfere Wookiee führte in den Klonkriegen die Verteidigung gegen die Droidenarmee an.

INNERER UND MITTLERER RAND

## Typisches Wetter
Warm mit Regenzeiten

## Sprachführer
Shyriiwook:
Ja – **Mmmmmmrrrrr!**
Nein – **Rwww!**

Wookiee-Kanonenboot

# TOP 3 REISE-TIPPS

### 1. Baumstädte
Die Siedlungen der Wookiees wie die Hauptstadt Kachirho wurden in den riesigen Wroshyrbäumen errichtet.

### 2. Der Ursprungsbaum
Es gibt viele große Bäume hier, aber mit diesem nimmt es kaum einer auf. Er ragt bis hoch über die Wolken!

### 3. Tiere des Waldes
Achte auf die libellenartigen Can-cells, die angeblich Glück bringen sollen, und Flammenkäfer, die leuchten und manchmal in Flammen aufgehen!

**VORSICHT! WÜTENDE WOOKIEES**

## Packliste
**1.** Haarbürste – es ist eine Ehre, Wookiees kämmen zu dürfen!

**2.** Übersetzer – es gibt allein über 150 Wörter für Holz!

**3.** Pinzette – falls du dir mal einen Holzsplitter einfängst …

**Scouttruppler**
Dieser Klonsoldat des 41. Elitekorps half bei der Verteidigung von Kashyyyk.

**Luminara Unduli**
Für diese Jedi-Meisterin endete die Verteidigung Kashyyyks gegen die Droiden weniger gut.

29

# PASAANA

Pasaana ist ein Party-Planet – zumindest alle 42 Jahre! Plane deine Reise also am besten rund ums Fest der Ahnen, wenn im sonst ruhigen Verbotenen Tal Zukunft und Vergangenheit gefeiert werden. Zu jeder anderen Zeit bekommst du dort nicht viel mehr als Staubfarmen zu sehen!

## 🧳 Packliste

**1.** Einen bunten Drachen, um ihn beim Fest steigen zu lassen

**2.** Farbenfrohe Gewänder, um sie beim Fest zu tragen

**3.** Einen Liegestuhl, um nach dem Fest zu entspannen

**Transportgleiter**

## Wer ist wer auf Pasaana?

**Lando Calrissian**
Rebellenheld Lando war hier Ochi, einem Sammler von Sith-Artefakten, auf der Spur. Er half, Pläne der Ersten Ordnung zu vereiteln.

**D-O**
Dieser kleine Droide war viele Jahre auf Pasaana allein, bis er mit BB-8 einen neuen Droidenfreund traf.

**Ritter von Ren**
Als die bösen Ritter von Ren herkamen, müssen sie die Info verpasst haben, dass man bunte Kleidung trägt!

### WIESO DIE GALAXIS BEREISEN ...
#### WENN DU AUCH STAUB SAMMELN KANNST?

Die Arbeit auf einer Staubfarm ist sandtastisch – und regelmäßige Urlaubstage gibt es noch dazu!*

*\* Urlaub einmal alle 42 Jahre*

**INNERER UND MITTLERER RAND**

## Typisches Wetter
Trocken, gelegentliche Staubstürme

# WAS IST ANGESAGT AUF PASAANA?

**Trage** die von den Aki-Aki des Planeten angebotenen Blumenketten!

**Iss nie** zu viel von ihren berühmten Süßigkeiten!

**Tanze** zusammen mit den fröhlich Feiernden!

**Drifte** beim Tanzen **nie** in die Treibsandfelder ab!

*Irgendwo hier das Fest muss sein!*

*Blumengirlanden im Angebot*

### Fest der Ahnen
Verbotenes Tal, Pasaana

Zur Feier von Frieden, Liebe und Flower-Power!

Die Künstler: Die „Lido Hey"-Tänzer • Drachenschau • Tribute-Bands (Maximum Rebo, Figrin F'an, Die Bootleg-Snootles) • und jede Menge Süßigkeiten!!!
Alle Künstler unter Vorbehalt

## Von A nach B
Raupenfahrzeuge und tieffliegende Skimmer sind der beste Schutz, um nicht im Sand von Pasaana zu versinken. Die Erste Ordnung griff hier auf Kettengleiter zurück.

# JEDHA

Viele Jahre lang war der Mond Jedha ein guter Ort, um mehr über die Macht und die Geschichte der Jedi zu erfahren. Aber als der Todesstern Jedha-Stadt ins Visier nahm, war es damit vorbei. Die Macht ist noch immer stark hier, aber zu sehen gibt es nichts mehr!

**Jedha-Stadt**
★★★
Bestand den ersten Superlaser-Test des Todessterns

## WAS IST ANGESAGT AUF JEDHA?

*In Trümmer gelegt das Imperium diesen Ort hat!*

**Suche** nach für den Bau von Lichtschwertern benötigten Kyberkristallen.

**Suche nie** nach dem Kybertempel – den gibt es nicht mehr!

**Spüre** die Machtenergie, die diesen Ort für die Jedi so besonders machte.

**Versuche es nie** allzu lange – nicht jeder kann sie spüren!

### Wer ist wer auf Jedha?

**Bodhi Rook**
Der hier geborene Bodhi war ein imperialer Pilot, bevor er sich der Rebellion anschloss.

**Baze Malbus**
Baze gehörte den Wächtern der Whills an, die einst den Kybertempel gegen Eindringlinge schützten.

**INNERER UND MITTLERER RAND**

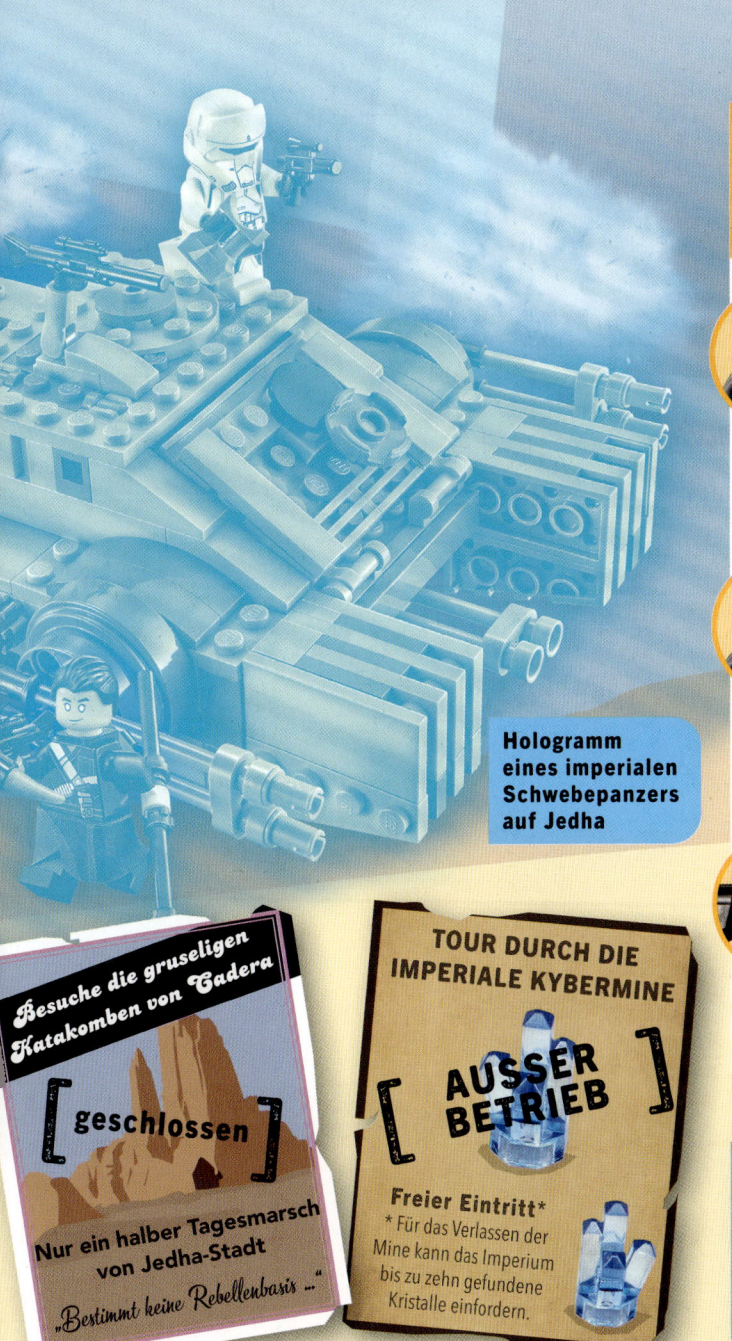

## 💬 Jedha-Stadt
### Kritik

**ObermotzTarkin**
Toll für Zielübungen! Hier ist alles in die Luft geflogen.
★★★☆☆

**CaptainCassian**
Schade, dass es die Stadt nicht mehr gibt. Meinem Droiden K-2SO gefiel sie.
★★★★☆

**K-2SO**
Cassian hat mich hergeschleppt. Ich habe es hier gar nicht gemocht.
★☆☆☆☆

Hologramm eines imperialen Schwebepanzers auf Jedha

*Besuche die gruseligen Katakomben von Cadera*
[ geschlossen ]
Nur ein halber Tagesmarsch von Jedha-Stadt
„Bestimmt keine Rebellenbasis …"

**TOUR DURCH DIE IMPERIALE KYBERMINE**
[ AUSSER BETRIEB ]
Freier Eintritt*
* Für das Verlassen der Mine kann das Imperium bis zu zehn gefundene Kristalle einfordern.

## Typisches Wetter
❄️ Ständig Winter, aber kein Schnee

**Chirrut Îmwe**
Baze' bester Freund ist auch ein Wächter der Whills und lässt sich als Kriegermönch von der Macht leiten.

**Jyn Erso**
Diese Rebellenheldin kam nach Jedha, um mehr über den Todesstern zu erfahren.

# VANDOR

Wintersportfans werden Vandors verschneite Hänge und Wanderwege lieben, aber kaum jemand lässt sich hier dauerhaft nieder. Neben ein paar kleinen Siedlungen gibt es hier nur Viehzüchter, die zottelige Kod'yoks halten – und superschnelle Frachtzüge, die sich durchs Gebirge schlängeln.

**FLIEGE** einen imperialen AT-Schlepper!

Im MUSEUM FÜR INDUSTRIE-KULTUR VANDOR*

*Ehemaliger Schrottplatz von Vandor

## Packliste

**1.** Winterkleidung – sogar Sturmtruppler tragen hier Pelzmäntel!

**2.** Eine Schutzbrille, um die Augen vor der Kälte zu schützen

**3.** Bergsteigerausrüstung – oder ein Jetpack!

*Runter vom Zug!*

*Hmpf!*

Imperialer Frachtzug

## Wer ist wer auf Vandor?

**Lando Calrissian**
Bei seiner ersten Begegnung mit Han Solo spielte Lando hier in der Lodge Karten. Viel hielt er von dem Piloten nicht.

**Tobias Beckett**
Berufsganove Beckett kam nach Vandor, um dort einen imperialen Frachtzug auszurauben

**INNERER UND MITTLERER RAND**

# WAS IST ANGESAGT AUF VANDOR?

**BERG REDOLAVA**
HÖHE: 2990 METER

**Besuche** die Lodge in der Ortschaft Fort Ypso.

**Besuche nie** die Droidenarena. Mache dich für Droidenrechte stark!

**Reite** auf einem Kod'yok durch die verschneite Gebirgslandschaft.

**Versuche nie**, auf einem Frachtzug mitzufahren!

**FOLGE DER HERDE!**
Einkehren und übernachten in der Lodge auf Vandor
Coupon für 1 Gratistasse heiße Kod'yok-Milch

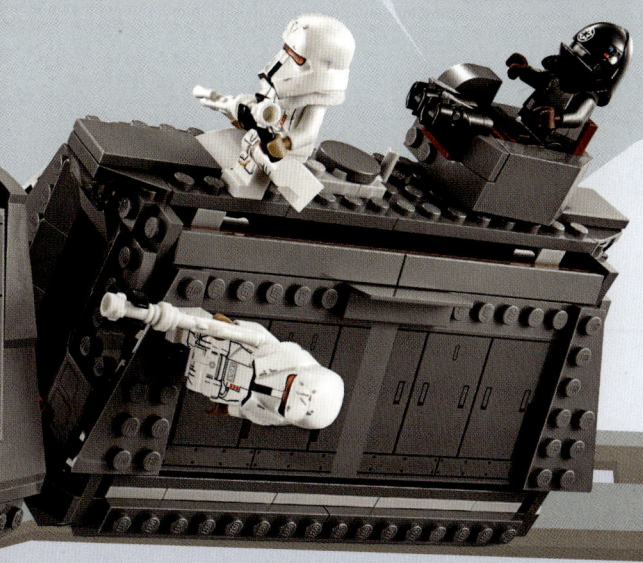

## Von A nach B

Leider hat das Imperium das örtliche Schienennetz nicht für die Allgemeinheit gebaut. Die Himmelhunde haben jedoch bewiesen, dass du mit einem Swoopschlitten so schnell wie mit dem Zug sein kannst.

**Typisches Wetter**
Bitterkalt … Brrr!

**Enfys Nest**
Nests Piratenbande, die Himmelhunde, wollte Beckett hier bei seinem Raubzug ausrauben!

**Rio Durant**
Dieser vierarmige ardennianische Pilot war ein Mitglied von Becketts Bande.

35

# WOLKENSTADT

**Miet-Wolkenwagen**

Ruf an!
442326282

*Der Waldmond von Endor*

# ERLEBE DIE HITZE DER LAVA AUF MUSTAFAR!

*„Nutze die Gabel!"*

**Hot Chili Restaurant**
Mustafar

| | |
|---|---|
| Feuriges Curry | 12 Credits |
| Eiscreme mit Lavasoße | 2 Credits |

Es bediente Sie:
*Jobo*

## KAPITEL 3
# ÄUSSERER RAND

In den immensen Weiten des Äußeren Rands sind Planeten rar gesät. Einige sind Heimat abgeschiedener Kulturen, auf anderen leben nur ein, zwei Siedler – oder sie sind gänzlich unbewohnbar! Du willst allem entfliehen? Dann bist du hier goldrichtig.

# WOLKENSTADT

Diese sagenhafte fliegende Stadt in den Wolken wurde zur Gewinnung von Gas gebaut, doch auf den oberen Ebenen sind heute volle Läden, Restaurants und Hotels. Billig wird es nicht, also spare dir die Anreise, wenn dir die nötigen Credits fehlen – oder fang rechtzeitig an, etwas zur Seite zu legen!

## Typisches Wetter

Windig, aber trocken – der Regen fällt abseits der Stadt!

## TOP 3 REISE-TIPPS

### 1. Sonnenuntergänge

Die Wolkenstadt schwebt über dem Gasriesen Bespin. Lass dir den traumhaften Blick bei Sonnenuntergang nicht entgehen!

### 2. Luxushotels

Erhole dich in einem der großartigen Hotels. Vielleicht siehst du sogar einige der Schönen und Reichen der Galaxis!

### 3. Palast des Administrators

Diese großzügige Wohnanlage ganz oben in der Wolkenstadt war einst das Zuhause des Rebellenhelden Lando Calrissian!

Wolkenstadt

*Die Macht des Windes stark hier oben ist!*

# ÄUSSERER RAND

*Genieße das Leben hier in den Wolken!*

## Wer ist wer in der Wolkenstadt?

### Lando Calrissian
Lando war Baron-Administrator der Wolkenstadt, bevor er sich der Rebellion anschloss. Er war für alles dort verantwortlich – ob es legal war oder nicht!

### Lobot
Dieser Mann von Bespin hat Computerimplantate. Dank ihnen kann er die Systeme der Wolkenstadt allein mit seinen Gedanken steuern!

### Boba Fett
Kopfgeldjäger Boba verließ die Wolkenstadt mit einem einzigartigen Souvenir: Han Solo, eingefroren in Karbonit!

## Von A nach B

Miete dir bei einer Reise nach Bespin am besten einen Doppelkanzel-Wolkenwagen. Erkunde damit die verschiedenen Atmosphärenschichten des Planeten!

**Wolkenwagen-Werke**
**Hier gilt Helmpflicht**

# DIE UNTERE WOLKENSTADT

Die meisten Touristen besuchen die Wolkenstadt wegen der luxuriösen oberen Ebenen, mancher möchte jedoch auch die industriellen unteren Ebenen sehen. Hart schuftende Ugnaughts bereiten hier in Kohlenstoff-Gefrierkammern Tibanna-Gas zum Verkauf vor.

*Und hier sitze ich am Drücker.*

# WAS IST ANGESAGT
## AUF DEN UNTEREN EBENEN?

**Halte** dich am Geländer fest – hier kannst du tief fallen!

**Lass** dich **nie** ablenken – sonst verlierst du noch eine Hand!

**Bitte** die Ugnaughts, dir den Gefriervorgang zu erklären.

**Melde** dich **nie** freiwillig, um an einer Demo teilzunehmen!

**UGNAUGHTS!**

Macht LUFT zu Geld als
**MINENARBEITER DER WOLKENSTADT!**

**Kohlenstoff-Gefrierkammer**

## ÄUSSERER RAND

**Lando Calrissian sagt:** Fülle TIBANNA-GAS von BESPIN in deinen Hyperantrieb und fliege wie ein Falke!

*Hmm, der Abguss von Han Solo ... Wie teuer?*

### ⭐⭐⭐ Kohlenstoff-Gefrierkammer – Kritik

**DunklerLord66**
Ich habe Han Solo hier in Karbonit einfrieren lassen. Das Personal war nett und hilfsbereit und hat nicht mal gemault, als mein Sohn in der Kammer gewütet hat!
★★★★★

**FliegerAss**
Man will dich in Karbonit einfrieren? Dann gibt's dafür keinen besseren Ort als die Wolkenstadt. Ich durfte sogar Grimassen dabei schneiden!
★★★★☆

**SchweineSchnauze**
*Danke für all die positiven Bewertungen! Feedback ist uns Ugnaughts wichtig und hilft, dass wir unsere Arbeit mit einem Lächeln verrichten.*

### 🧳 Packliste

**1.** Eine Landeerlaubnis, um dein Schiff in der Stadt zu parken

**2.** Ein schickes Cape, um es auf den oberen Ebenen zu tragen

**3.** Einen Ugnaught-Sprachführer für die unteren Ebenen

Wie wäre es mit einem **FAMILIEN-TREFFEN** in der Wolkenstadt?

# HOTH

Als die Imperialen auf dem eisigen Hoth landeten, hatten sie nicht nur Schneestiefel dabei, sondern auch riesige AT-AT-Läufer! Verbringst du hier heute deinen Skiurlaub, kannst du zwischen den Läufern, die sie zurückließen, toll Slalom fahren – auch wenn die Metallungetüme etwas gruselig aussehen!

## Typisches Wetter

❄ ❄ ❄

Sehr kalt und häufige Schneestürme

**REITEN AUF TAUNTAUNS**

Die wärmere Art zu Reisen!

## 🧳 Packliste

1. Deinen wärmsten Wintermantel
2. Skier, Snowboard oder Schlitten
3. Eine mobile Heizung – oder viele extradicke Socken!

AT-AT-Läufer

## Wer ist wer auf Hoth?

**General Veers**
Dieser imperiale Offizier führte die AT-ATs gegen die Rebellen an, die sich auf Hoth versteckt hatten.

**AT-AT-Piloten**
Diese Soldaten steuern die riesigen AT-AT-Läufer (Allterrain-Angriffstransporter).

ÄUSSERER RAND

# WAS IST ANGESAGT AUF HOTH?

**Reite** gern auf einem der fügsamen, pelzigen Tauntauns aus.

**Halte** dich nachts **nie** draußen auf – oder du bist stocksteif gefroren!

**Mach** am Tag das Beste aus dem vielen Schnee.

**Komm** besser **nie** einem Wampa in die Quere. Sie sind auch pelzig, aber sehr streitlustig!

*Hier auf Hoth Schneemann ich baue!*

*Echt cool!*

**ABHÄNGEN UND CHILLEN IN DEN EISHÖHLEN VON HOTH!**

*Biiiiiiiiiep!*

**VORSICHT VOR WAMPAS!**

**Imperiale Schneetruppler**
Diese Spezialisten für Einsätze in Eiseskälte tragen eine beheizte Rüstung!

**Sondendroiden**
Das Imperium entsandte viele dieser Droiden, um die geheime Basis der Rebellen zu finden.

43

# EIN BLICK IN DIE ECHO-BASIS

Das einzige Zeichen von Zivilisation auf Hoth ist die mächtige Rebellenbasis im Eis mit eindrucksvollen Verteidigungsanlagen, riesigen Raumschiffshangars und moderner Krankenstation. Die Rebellen waren aber nur kurz hier, ehe das Imperium ihnen einheizte!

**Achtung! Rutschiges Eis!**

(Ach, und Wampas!)

*Hallo!*

## TOP 3 REISE-TIPPS

### 1. Wachtürme
Erklimme die Spähposten rund um die Echo-Basis, um dir den eisigen Schauplatz des Gefechts mit dem Imperium anzusehen.

### 2. Panzertor
Das eindrucksvolle Tor der Echo-Basis sollte die Wärme drinnen und das Imperium draußen halten!

### 3. Krankenstation
Hier erholte Luke Skywalker sich im heilenden Bacta-Tank, nachdem ihn ein Wampa gefangen hatte.

*Darum also „Echo-Basis" sie genannt wird!*

ÄUSSERER RAND

## Hol dir den Bacta-Faktor!

Entspanne und genese noch heute in einem Bacta-Tank!

Hallo!

### 💬 Echo-Basis
### Kritik

**FliegerAss**
Sicher, es ist kalt, aber besorg dir eine dicke Kapuze und dir wird warm wie ein Wookiee!
★★★★☆

**Toryn_Farr**
Ich war Technikerin in der Echo-Basis. Lest alles dazu in meinem Blog „Farr auf Hoth"!
★★★☆☆

### Hoth für Droiden

Gib acht, dass dir auf dieser Eiswelt nicht die Gelenke einfrieren, und gönn dir, wenn möglich, ein erholsames Ölbad.

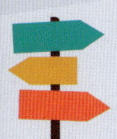

### Von A nach B

Wenn dir Tauntaunreiten nicht liegt (oder du einfach den Gestank nicht magst), wie wäre es dann mit einem Schneegleiter? Die Rebellen mussten diese coolen Flitzer zurücklassen, als sie die Echo-Basis aufgaben.

# ENDOR

Wenn Reisende von Endor reden, meinen sie meist den Waldmond Endor, nicht den gleichnamigen Planeten. Buche also einen Flug zum Waldmond, wenn du Ewoks sehen möchtest. Begegne den kuschelig aussehenden Wesen mit Respekt, dann respektieren sie dich auch!

## Sprachführer

Ewokesisch:

*Hallo!* – **Yaa-yaah!**
*Hurra!* – **Yub nub!**

## Von A nach B

Mit Düsenschlitten kommt man am schnellsten durch den Wald. Sieh nur zu, dass du den mächtigen Baumstämmen ausweichst!

**Hellerbaumdorf**

## Typisches Wetter

Mild am Tag, kalt in der Nacht

## Wer ist wer auf Endor?

**Wicket W. Warrick**
Dieser junge Ewok kennt den Wald bestens. Solltest du ihn treffen, wäre er dein idealer Fremdenführer!

**Häuptling Chirpa**
Fühle dich geehrt, wenn du den weisen Häuptling kennenlernen darfst.

**ÄUSSERER RAND**

### Nicht verpassen: Dreipeo-Fest!
**Endors alljährliche Feier von allem rund um C-3PO**

„Für uns ist er der Größte!"

Ehrengast dieses Jahr: R2-D2

### 💡 Reisetipp
Verlasse das System nicht, ohne einen Fuß auf Kef Bir gesetzt zu haben, den Meeresmond von Endor! Dort lebt ein von Jannah angeführter, netter Stamm von Ex-Sturmtrupplern.

**TRAGE DEINE HAARE OFFEN IN HELLERBAUMDORF!**
*So wie Prinzessin Leia bei ihrem Besuch!*

*Schneller als Klettern in die Falle zu gehen ist!*

# WAS IST ANGESAGT AUF ENDOR?

**Erlebe den Wald von oben!**
**MOND-GLEITFLÜGE**

**Vorsicht! Ewok-Fallen!**

**Schau** nach oben – die Ewoks leben in Baumhäusern.

**Vergiss nie**, nach unten zu schauen – Ewoks stellen dort Fallen auf!

**Lass** dir von den Ewoks ihr Dorf hoch oben in den Bäumen zeigen.

**Pass auf**, dass du dort **nie** zum Festmahl wirst!

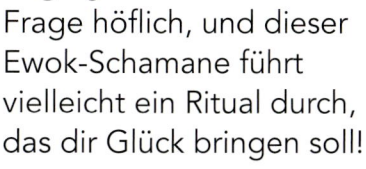

**Logray**
Frage höflich, und dieser Ewok-Schamane führt vielleicht ein Ritual durch, das dir Glück bringen soll!

# CRAIT

Dieser Planet ist so unbeliebt, dass du ihn nicht mal auf neueren Sternkarten findest, also ideal für Urlaub abseits überlaufener Touristenpfade! Den Weg dorthin kann dir ein alter Rebell erklären, der sich einst in den Minen versteckt hat – oder ein noch älterer Bergmann!

## Packliste

**1.** Eine Sonnenbrille zum Schutz vor dem blendenden Licht auf den Salzebenen

**2.** Verpflegung – es gibt viel Salz, aber nichts zum Würzen!

**3.** Getränke – das Wasser hier ist auch versalzen!

Ski-Speeder des Widerstands

## Von A nach B

Mit der Kufe eines Ski-Speeders kann man toll das Salz aufwirbeln und die roten Kristalle darunter freilegen – wie auch mit den riesigen Trittflächen von AT-M6-Läufern!

**BITTE NICHT DIE VULPTICES STREICHELN!**

Anordnung des Nupayuni-Bergbaukonsortiums, Abteilung Crait

## Typisches Wetter

Sonnig mit gelegentlichen Kristallstürmen

## Wer ist wer auf Crait?

**Caluan Ematt**
Als Kylo Ren hier den Widerstand in die Enge trieb, führte dieser alte Rebell die Verteidigung an.

**Poe Dameron**
Auf Crait startete Poe mit alten Ski-Speedern mutig einen Anflug auf die Streitkräfte der Ersten Ordnung.

ÄUSSERER RAND

## Crait – Kritik

**schneetruppler4ever**
Als ich herkam, hatte ich Schnee erwartet! Wer hat schon je von Salztrupplern gehört?

★☆☆☆☆

# TOP 3 REISE-TIPPS

### 1. Craits wahre Farbe
Kratzt du die gespenstisch weiße Salzkruste ab, entpuppt sich Crait als knallrote Kristallwelt!

### 2. Tiere wie aus Glas
Mit seinem kristallinen Fell ist der auch „Funkelfuchs" genannte Vulptex eines der kuriosesten Tiere Craits.

### 3. Geheime Basis
Eine alte Kristallmine beherbergt eine alte Rebellenbasis, die später auch vom Widerstand genutzt wurde.

**Vorsicht: Verlassene Minen!**

**VERIRRT?**
Folge den Vulptex-Spuren!

*Wo ist denn das versprochene Malzbier?*

*Viel Salz hier, ich sagte!*

**Rose Tico**
Rose, eine Technikerin des Widerstands, rettete Finn bei der Verteidigung von Crait das Leben.

49

# TATOOINE

Du sehnst dich nach einem Sonnenbad? Dann komm nach Tatooine – der Planet hat zwei Sonnen! Er besteht fast nur aus Wüste, und doch spielte er für bedeutende Ereignisse eine große Rolle. Daher gilt er als Topreiseziel, wenn man auf Pfaden der galaktischen Geschichte wandelt!

## Sprachführer

Jawasisch:

Los geht's! – **Utinni**
Hände weg! – **Togo Togu!**

**VORSICHT!**
PODRENNER IM ANFLUG!

WÜSTEN-RENNEN SPITZE!

*Ich häng schon 35 Jahre in dieser Wüste fest!*

*Hmm, einen lahmen Taurücken gewählt du hast!*

WIR SUCHEN SCHROTT

**Sandtruppler auf einem Taurücken**

## Wer ist wer auf Tatooine?

**Jawas**
Bei diesen Händlern, die mit ihren Sandkriechern in der Wüste Schrott suchen, kannst du Souvenirs kaufen.

**Anakin Skywalker**
Der spätere Darth Vader wurde hier geboren und baute auf Tatooine als Kind den Droiden C-3PO.

ÄUSSERER RAND

# TOP 3 REISE-TIPPS

## 1. Podrennarena Mos Espa
Einmal blinzeln, und schon hast du das schnellste Rennen der Galaxis verpasst! Das Publikum ist riesig, die Atmosphäre spannungsgeladen und das Regelwerk wirr!

## 2. Jabbas Palast
Buche im Voraus, um dieses schöne alte Kloster zu bestaunen, in dem sich Jabba der Hutt niedergelassen hat. Unerwarteten Besuch mag er gar nicht!

## 3. Das Dünenmeer
Flitze mit einem Skiff über das „Meer" (eigentlich ist es nur Sand!) oder gehe es auf einem Taurücken gemütlich an.

### Typisches Wetter
Brütend heiß und ständige Gefahr von Sandstürmen

### Von A nach B
Miete dir einen T-16-Lufthüpfer, um Tatooine von hoch oben zu sehen – oder einen tief schwebenden Landgleiter, um den Planeten aus geringer Höhe zu bestaunen!

**TÄGLICHER DROIDENMARKT**
Immer den Sandkriecher-Spuren nach!

### Packliste
1. Schutzbrille und Tücher, um gegen Sandstürme gewappnet zu sein
2. Wasser – das ist hier sehr kostbar!
3. Technikschrott für Tauschhandel mit den einheimischen Jawas

**Luke Skywalker**
Jahre, nachdem Anakin Tatooine verließ, wuchs Luke dort bei Onkel Owen und Tante Beru auf.

**Sandtruppler**
Diese spezialisierten Sturmtruppler suchten zur Zeit des Imperiums in der Wüste nach Rebellendroiden.

51

# IN MOS EISLEY

Du hast genug von der Wüste? Dann auf in Tatooines berühmteste Stadt! Mos Eisley hat einiges zu bieten, doch dort treiben sich auch viele Schurken herum. Halte dich von jedem fern, der einen Blaster in der Hand hält oder auf den ein Kopfgeld ausgesetzt ist, dann kannst du hier viel Spaß haben!

### Cantina-Spezialitäten
—Softdrinks—
- Blaue Milch
- Schwarzmelonenmilch
- Jawa-Saft (Enthält keine Jawas)
- Tatooine Sunset (Zwei zum Preis von einem)

## Lokal-Tipps

**Chalmuns Raumhafencantina**

Du suchst nach lebhafter Musik und lebendigen Lokalen? Dann gibt es nur ein Ziel für dich: Mos Eisleys erste Adresse in Sachen Essen und Trinken! Die Cantina ist nach dem Besitzer benannt, einem Wookiee, aber das Tagesgeschäft erledigt der Tatooiner Wuher. Stell dich gut mit ihm, dann bist du immer willkommen!

*Eine Tasse Sumpftee ich gern hätte.*

*Häh?*

Chalmuns Raumhafencantina

## Cantina – Kritik

**KopfgeldJ**
Das Essen ist mäßig, das schummrige Licht aber gut für Geheimtreffen.
★★★☆☆

**Jawa68**
Voll schäbig! Die lassen keine Jawas rein!
★☆☆☆☆

ÄUSSERER RAND

# WAS IST ANGESAGT IN MOS EISLEY?

**Erwarte nie**, dass deine Droiden in allen Lokalen willkommen sind.

**Behalte** stets deine Wertsachen im Auge.

**Merke** dir, in welcher der 362 Andockbuchten du geparkt hast.

**Verpasse nie** einen Auftritt von Figrin D'ans Band in Chalmuns Cantina!

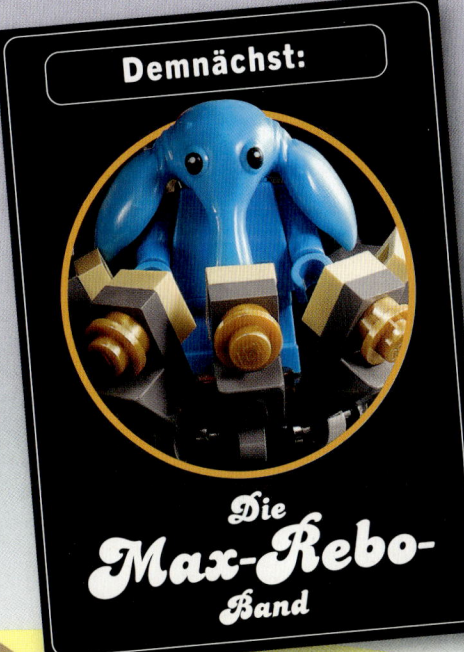

**Demnächst:**
*Die Max-Rebo-Band*

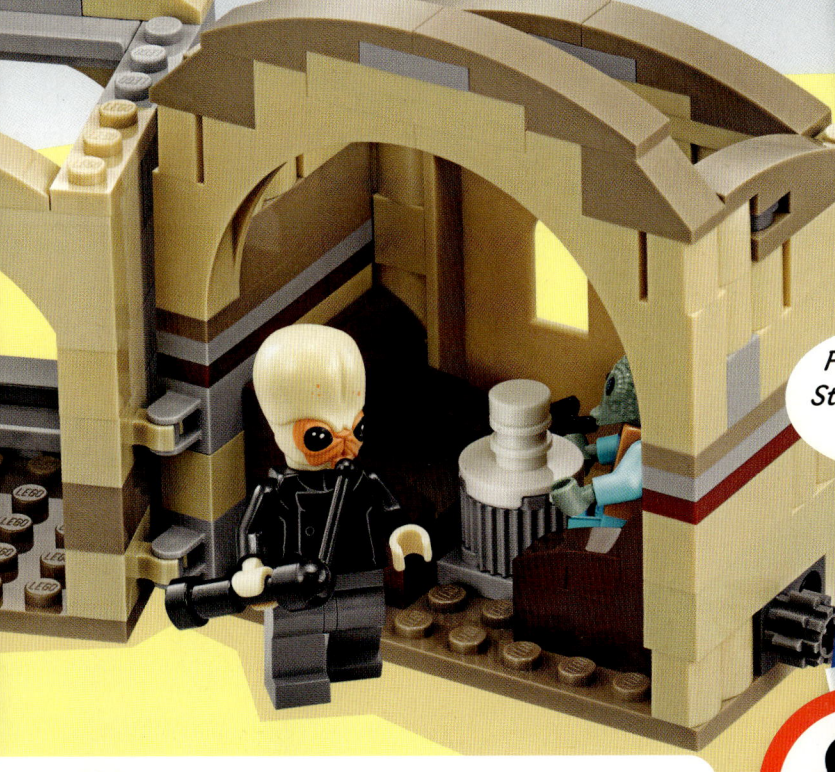

**GESTRANDET IN MOS EISLEY?**
Frag nach Startrampe 3-5!
Auf zu PELIS BOXENDROIDEN für Raumschiffreparaturen aller Art!

KEINE DROIDEN

**Greedo**
Ich war noch nicht da, aber ich freue mich schon sehr darauf!
★★★★★

# EIN TAG IN DER WÜSTE

Als Obi-Wan Kenobi auf Tatooine ins Exil ging und den jungen Luke Skywalker dort versteckte, hatte kaum jemand je etwas von der Jundland-Wüste gehört. Lukes Legende verbreitete sich später mit Lichtgeschwindigkeit, und nun weiß jeder, dass er hier aufwuchs! Diesen Ort muss man gesehen haben!

**Farm-Ferien**

Hab eine coole Zeit auf einer unterirdischen Feuchtfarm!
Eigener Evaporator zum Wassersammeln inklusive

**BANTHA-TAXI**

*Zuverlässig das Bantha-Taxi ist, angenehm riechen tut es nicht!*

**VERMEIDE SAND IN DEINEN SCHUHEN!**

Halte deine Füße vom Boden fern mit einem **X-34-Landgleiter von SoroSuub!**

ÄUSSERER RAND

# TOP 3 REISE-TIPPS

## 1. Lars-Feuchtfarm
Feuchtfarmen gibt es überall auf Tatooine, aber auf dieser lebte Luke, bevor er sich der Rebellion anschloss.

## 2. Obi-Wans Hütte
Dieses einfache Heim ist weit von der Lars-Farm entfernt. Mit einem Flitzer kannst du beide an einem Tag sehen!

## 3. Banthas
Diese großen, zotteligen Tiere streifen in Herden durch die Jundland-Wüste. Die Tusken-Räuber reiten auch auf ihnen.

### Reise-Tipp
Tusken-Räuber sind schnell verärgert. Versuche nicht, sie zu verjagen, sie kommen nur in noch größerer Zahl zurück!

## Wer ist wer in der Jundland-Wüste?

**Tusken-Räuber**
Halte dich von diesen gruseligen Sandleuten fern. Sie verteidigen ihr Gebiet mit spitzen Gaffi-Stöcken!

**Obi-Wan Kenobi**
Dieser Jedi-Meister nannte sich Ben, als er hier lebte, um Luke aus der Ferne im Auge zu behalten.

**Owen Lars**
Der Besitzer der Lars-Farm zog Luke Skywalker wie seinen eigenen Sohn auf.

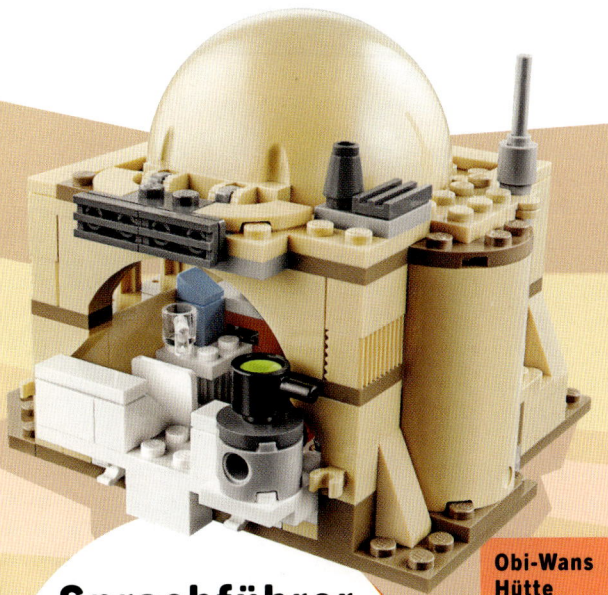

Obi-Wans Hütte

KEINE BESUCHER WILLKOMMEN

## Sprachführer
Tusken:

Hallo! – **Arrgh!**
Lauf! – **Huurrugh!**

# DÜNENMEER-SAFARI

Lass deine Badesachen zu Hause – Tatooines Dünenmeer ist nur eine Wüste! Das „Meer" erstreckt sich um die Jundland-Wüste und zwischen den Orten Mos Espa und Mos Eisley. Viele eindrucksvolle, aber sehr gefährliche Kreaturen leben dort. Sieh zu, dass du sie siehst, bevor sie dich sehen!

**Sand im Getriebe?**

Gönn deinem Gleiter einen Spritzer
**SKIFF GUARD**
SCHNELL WIRKENDES SCHMIERMITTEL

## WAS IST ANGESAGT IM DÜNENMEER?

**Besuche** die Große Grube von Carkoon. Dort lebt der mächtige Sarlacc mit seinen vielen Tentakeln.

**Gehe nie** zu nahe an die Grube, sonst wirst du verschlungen und sehr langsam verdaut!

**Halte** Ausschau nach im Sand schlängelnden Kraytdrachen.

**Bleibe nie** stehen, wenn der Sand unter deinen Füßen sich bewegt!

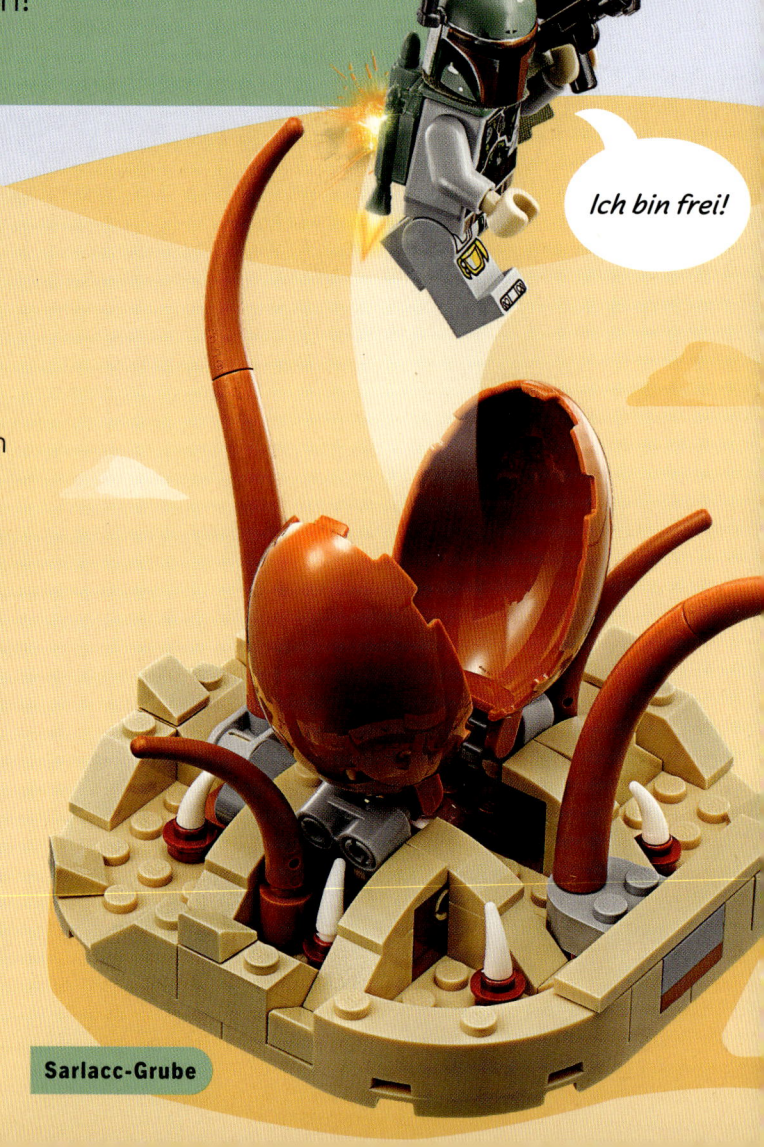

*Ich bin frei!*

Sarlacc-Grube

## Von A nach B

Im Skiff kannst du beim Erkunden der Wüste die frische Luft genießen. Leih dir eins in Jabbas Palast. Aber pass auf, dass dich keiner über Bord wirft – oder du dich mit dem Hutt überwirfst!

### Geöffnet!

**GAMORREANER-WACHEN-GEDENKPARK UND RANCOR-MONSTER-ERLEBNISZENTRUM**

Jabbas Palast, Dünenmeer, Tatooine

*Nicht die Fütterungszeiten verpassen!*

*Geahnt ich hab, dass schwer zu verdauen du bist!*

*Hier sind Drachen!*

ÄUSSERER RAND

## Sarlacc-Grube
### Kritik

**Jabba_Gelaber**
Im Leib meines allmächtigen Sarlacc wirst du erfahren, wie es sich anfühlt, verdaut zu werden – falls nicht: Geld zurück!

★★★★★

**KopfgeldJäger4U**
Ich wurde vom Sarlacc verschlungen und brauchte ewig, um rauszugelangen. Bring Zeit mit, wenn du dich auch fressen lassen willst.

★★★☆☆

**FliegerAss**
Ich versteh nicht, was daran so toll sein soll. Für mich gab's da nichts zu sehen!

★☆☆☆☆

## Sprachführer

Huttesisch:

*Auf geht's!* – **Boska!**
*Geld* – **Moulee-rah**

# GEONOSIS

Führe hier kein Insektenvertilgungsmittel im Gepäck mit – die intelligenten Insektoiden, die auf dieser Wüstenwelt leben, fänden das gar nicht lustig! Geonosis ist berühmt als Planet, auf dem die Klonkriege ausbrachen und wo das Imperium den Todesstern baute. Nicht zuletzt deshalb mag kaum jemand diesen Ort!

**VORSICHT! STURZFLUTEN UND METEORE**

## WAS IST ANGESAGT AUF GEONOSIS?

**Bestaune** die hoch aufragenden Stöcke, in denen die Geonosianer leben.

**Gieße nie** Wasser in ihre Stöcke. Da werden sie regelrecht rasend!

**Besuche** die riesige Arena, wo einst wilde Bestien wüteten.

**Halte** dich **nie** lange auf, um zu sehen, ob einige der Bestien noch leben!

*Zwergspinnendroide*

*Überbleibsel der Klonkriege diese Droiden sind!*

### Wer ist wer auf Geonosis?

**Poggle der Geringere**
Erzherzog Poggle führte die Geonosianer in den Klonkriegen gegen die Jedi an.

**Count Dooku**
Der Sith-Lord tat sich mit Poggle zusammen, um in dessen Fabriken eine Droidenarmee zu bauen.

ÄUSSERER RAND

- HEUTE ABEND -
in der Arena von Geonosis

## ATTACKE DES ACKLAYS – LIVE*
* Gefahr, gefressen zu werden, in Reihe 1-3

## Typisches Wetter
Sehr trocken, ab und zu Regen- und Asteroidenstürme

## ★★★ Arena von Geonosis – Kritik

**Padme_AN**
An diesem furchtbaren Ort werden Bestien zur Unterhaltung gequält – nicht zuletzt die, vor denen ich fliehen musste!
★☆☆☆☆

**Obi-1**
Hatte einen der besten Plätze! Ich konnte den Atem der Bestien förmlich im Nacken spüren!
★★★★☆

Spürspinnendroide

## Von A nach B
Die geflügelten Geonosianer können kurze Strecken ohne Hilfsmittel fliegen. Für längere Wege bevorzugen sie Flitknot-Gleiter, die auch für Droiden und Menschen geeignet sind.

## Willkommen auf Geonosis
Sitz von Baktoid Kampfautomaten, dem Hersteller des B1-KAMPFDROIDEN

„Emsige Arbeit für beste Droiden!"

## Superkampfdroide
Auf Geonosis wurden Droiden aller Art gebaut, aber diese gehörten mit zu den gruseligsten!

## Stass Allie
Diese Jedi-Meisterin kam als Teil eines Teams nach Geonosis, um Dookus und Poggles Pläne zu stoppen.

# MUSTAFAR

Die dunkle Seite der Macht ist stark auf Mustafar, daher verbringen Sith-Lords gern ihren Urlaub hier. Darth Vader ließ sich auf dem Planeten inmitten feuriger Lavafelder nieder. Nur wenige kommen zu Besuch hierher – und auch du solltest dich besser fernhalten!

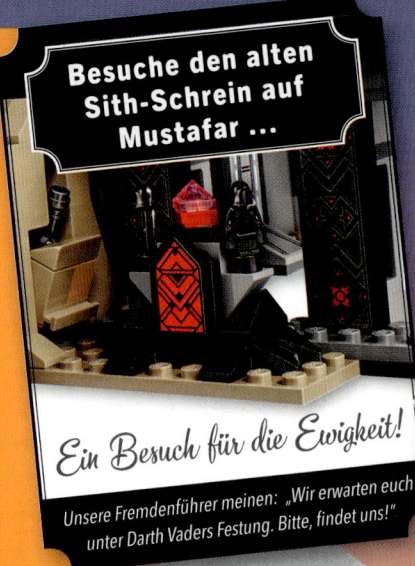

**Besuche den alten Sith-Schrein auf Mustafar …**

*Ein Besuch für die Ewigkeit!*

Unsere Fremdenführer meinen: „Wir erwarten euch unter Darth Vaders Festung. Bitte, findet uns!"

## TOP 3 REISE-TIPPS

### 1. Vaders Festung
Wenn du unbedingt herwillst, ist die Hauptattraktion diese finstere Festung. Gehe aber bloß nicht hinein!

### 2. Lavaminen
Aus Mustafars Lava können wertvolle Minerale gewonnen werden, aber die Arbeit in der Hitze ist furchtbar!

### 3. Lavaflöhe
Die Flöhe sind hier so groß, dass sie nicht auf Mustafarianern herumhüpfen, sondern diese auf ihnen reiten!

**MINENTOUR**
(Auf Lava achten!)

## Typisches Wetter
Düster und stürmisch

*Gut zum Fortbewegen Minendroiden sind!*

**ÄUSSERER RAND**

**Hitzebeständige Kleidung nicht vergessen!**

## Wer ist wer auf Mustafar?

**Darth Vader**
Wenn er nicht die Galaxis unsicher macht, entspannt sich der Dunkle Lord der Sith hier in seiner Festung.

**Anakin Skywalker**
Anakin kam in Palpatines Auftrag her und besiegelte sein Schicksal, ein Cyborg-Sith-Lord zu werden.

**Nute Gunray**
Dieser fiese Neimoidianer war mit den Sith im Bunde, aber Darth Vader verriet ihn auf Mustafar.

**Ehrengardist**
Die Wachen in Vaders Festung passen farblich gut zu Mustafars roter Lava.

**Darth Vaders Festung**

### LAVAFLOH-TOUREN
Reitausflüge hoch zu Floh

„Die Hitze hier juckt uns nicht!"

# AJAN KLOSS

Dieser Dschungelmond ist genauso grün wie Yoda und sprüht ebenso vor Leben – Tag für Tag werden neue Arten entdeckt! Seine Existenz wurde lang geheim gehalten, womit er ideal für eine Widerstandsbasis war. Nach dem Sieg über die Erste Ordnung war hier aber jeder zur Party willkommen!

**Ajan Kloss**
*Der beste Ort für deine Jedi-Ausbildung!*

## Packliste

**1.** Insektenspray – auf diesem Mond wimmelt es von Getier!

**2.** Wechselkleidung – du wirst hier sicher viel schwitzen!

**3.** Eine Schaufel – um nach Relikten der alten Kloss-Zivilisation zu graben!

*Wie zu Hause auf Dagobah es hier ist!*

*Ich hab einen Zymoden entdeckt auf Ajan Kloss*

## Wer ist wer auf Ajan Kloss?

**Snap Wexley**
Dieser Sternenjägerpilot war einer der Ersten, der dem Widerstand beitrat. Er flog Einsätze von D'Qar und Ajan Kloss aus.

**Kaydel Connix**
Lieutenant Kaydel Connix arbeitete beim Aufbau der Basis auf Ajan Kloss mit Rose Tico zusammen.

ÄUSSERER RAND

### Typisches Wetter
Heiß und feucht, manchmal stürmisch

## PARTY IN DER HÖHLE!
DJ-Droiden • Knicklichtschwerter • Dschungel-Tanzfläche • und mehr!

Ab jetzt jede Woche in den Klosslanden, Ajan Kloss
Freier Eintritt für Widerstandsmitglieder

FEIER AUF DEM MOND, WO DIE SONNE NIE UNTERGEHT!

### ★★★ Ajan Kloss Kritik

**LeiaSOS**
Hier fand meine Jedi-Ausbildung statt. Mir gefiel es so gut, dass ich bei der Rückkehr den ganzen Widerstand mitbrachte!
★★★★★

X-Flügler

# TOP 3 REISE-TIPPS

## 1. Widerstandsbasis
General Leia und der Widerstand planten den Sturz der Ersten Ordnung von dieser großen Höhle im Dschungel aus.

## 2. Schillernde Zymoden
Versuche, diese farbwechselnden Tiere in den Breitblattbäumen zu erspähen.

## 3. Mitternachtssonne
Wegen des von Ajara (dem Planeten, den Ajan Kloss umkreist) reflektierten Lichts ist es nie ganz dunkel hier.

**R2-D2**
Als C-3POs Speicher gelöscht wurde, konnte R2 sein Gedächtnis später auf Ajan Kloss wiederherstellen.

# SCARIF

Scarif war ein Strandparadies – bis das Imperium dort eine gesicherte Anlage für geheime Projekte baute! Der ganze Planet wurde von einem Deflektorschild und Küstentrupplern geschützt. Dies konnte die Rebellen zwar nicht aufhalten, aber teils sieht man weiterhin imperiale Landeplattformen an Badestränden …

*Ist ja gut, ihr dürft hier Volleyball spielen! Aber lass mich runter!*

*Hrm!*

## WAS IST ANGESAGT AUF SCARIF?

**Lege** dich unter einer Arecanusspalme entspannt in den Sand.

**Lege** dich **nie** aus Versehen auf einen sandfarbenen Küstentruppler!

**Gedenke** der tapferen Rebellen, die hier die Pläne des Todessterns stahlen.

**Suche nie** den Archivturm, aus dem sie sie stahlen – der wurde zerstört!

**SIEH SCARIF** von der Spitze des **ARCHIVTURMS!** *Ein Knaller!*

GESCHLOSSEN WEGEN VISITE DES TODESSTERNS

### Wer ist wer auf Scarif?

**Orson Krennic**
Direktor Krennic übernahm das Kommando auf Scarif, als ihm klar wurde, dass die Rebellen unterwegs waren.

**Jyn Erso**
Die entschlossene Rebellin tarnte sich als imperialer Techniker, um in den Archivturm auf Scarif einzudringen

ÄUSSERER RAND

## Typisches Wetter

☀ Blauer Himmel und Sonnenschein

## Packliste

1. Shorts und Badezeug
2. Ein Fernglas, um Vögel zu beobachten
3. Todessternpläne als Lesestoff am Strand

**BESUCHE SCARIF**

*Ein tropisches Paradies*

**Sie nähern sich dem DEFLEKTORSCHILD VON SCARIF**

**Vorsicht beim Passieren des SCHILDZUGANGS**
Bitte den FREIGABECODE Ihres Schiffes bereithalten!

## Von A nach B

Es gibt viele Landeplattformen auf Scarif, so kannst du leicht auf all den kleinen Inseln landen. Das Imperium setzte hier auf schnelle TIE-Stürmer, die Rebellen statteten Scarif in U-Flüglern einen Besuch ab.

**Imperiale Landeplattform**

### Cassian Andor
Wie Jyn gehörte Cassian dem Rebellenteam an, das herkam, um die Pläne des Todessterns zu erbeuten.

### Küstentruppler
In ihren leichten, sandfarbenen Rüstungen sind diese imperialen Soldaten ideal für den Stranddienst.

# DAGOBAH

Einige Planeten sind ständig von Touristen überschwemmt, andere nur von Sümpfen. Dagobah gehört zu Letzteren. Dort ist es schwer zu sagen, wo das Land endet und der Sumpf beginnt. Nur Yoda hat sich hier je häuslich eingerichtet, nachdem er von Dagobahs Verbindung zur Macht erfuhr.

## YODAS SPEZIALITÄTEN

**Schlamm-suppe** (mit frischen Sumpf-schnecken)

**Sumpf-eintopf** (Hinweis: Kochzeit beträgt 3 Wochen!)

**Wolkenbaum-wurzeltee**
Alle Zutaten aus der Gegend!

### Lokal-Tipp

**Yodas Hütte**
Wenn du Hunger hast, kehre hier ein – denn es gibt nichts anderes. Lass dir Yodas Leibspeisen auftischen: Sumpfeintopf und Schlammsuppe. Das klingt (und schmeckt) nicht lecker, aber es macht satt.

*Willkommen auf* **DAGOBAH** Einwohner: 000001

Yodas Hütte

# TOP 3 REISE-TIPPS

## 1. Yodas Hütte
Meister Yoda baute sich sein Zuhause aus Knorrenbaumholz, Steinen und Lehm. Es ist klein und schlicht, aber die einzige Unterkunft vor Ort!

## 2. Höhle des Bösen
Nahe dieser Höhle spürst du den kalten Schauer der dunklen Seite. Im Innern muss man sich seinen größten Ängsten stellen!

## 3. Drachenschlangensumpf
Schön mag er nicht sein (und ja, es leben Drachenschlangen darin), aber hier wurde Luke Skywalker zum Jedi ausgebildet!

**VORSICHT Im Sumpf lauern Drachenschlangen!**

*So friedvoll es hier ist. Ein Moorbad ich mir gönne!*

## Typisches Wetter
Dichter Nebel und heftiger Regen 

ÄUSSERER RAND

## Von A nach B
Hier ist es wirklich hilfreich, ein Machtnutzer zu sein – denn dann kannst du von Tümpel zu Tümpel springen und dein Schiff aus dem Sumpf heben, wenn es darin versunken ist. Lukes X-Flügler wäre ohne Yodas Jedi-Kräfte verloren gewesen!

## Wer ist wer auf Dagobah?

**Yoda**
Nach den Klonkriegen ging Yoda auf Dagobah ins Exil und wartete darauf, dass Luke oder Leia ihn aufsuchen.

**Luke Skywalker**
Eine Nachricht von Obi-Wan führte Luke nach Dagobah, wo Yoda ihn im Umgang mit der Macht unterwies.

**R2-D2**
Der arme R2-D2 wurde fast von einer Drachenschlange gefressen, als er mit Luke herkam!

# LOTHAL

Lothal litt arg unter der imperialen Herrschaft, unter der es zur schmutzigen Fabrikwelt wurde. Doch seit der Planet von den Rebellen befreit wurde, ist er zu früherer Blüte zurückgekehrt. In den meisten Regionen wächst wieder üppiges Gras, und die eine (schlicht Hauptstadt genannte) Großstadt sprüht vor Leben.

### Typisches Wetter

Heiter mit eindrucksvollen Wolkenformationen

**Erlebe Lothals STREET-ART mit SABINE WREN**

Triff die berühmte mandalorianische Rebellin und Künstlerin bei einem Rundgang durch die Hauptstadt. Bestaune Graffiti aus imperialen Zeiten – wie Sabines Sternenvogel!

*Netter Planet – und schön bunt dein Flitzer ist!*

**HALTE AUSSCHAU NACH LOTH-WÖLFEN!**

## Wer ist wer auf Lothal?

**Ezra Bridger**
Dieser junge Rebell von Lothal hatte ein hartes Leben hier, bis er sich einer Rebellengruppe, den Spectres, anschloss.

**Kanan Jarrus**
Der Jedi Kanan unterwies Ezra im Umgang mit der Macht. Er opferte sich, um die anderen Spectres auf Lothal zu retten.

ÄUSSERER RAND

## Lokal-Tipp

**Old Jho's Pit Stop**
Der ursprüngliche Besitzer Jho ist leider längst nicht mehr da. Du bekommst aber weiterhin süffiges Gewürzbräu, leckeren Jogan-Obstkuchen und Blaumilchpudding!

# TOP 3 REISE-TIPPS

## 1. Grasebenen und Täler

Erkunde Lothals Hügellandschaft und entdecke hohe Felsformationen, „singende" Dornbäume, langohrige Loth-Katzen und mehr!

## 2. Hauptstadt

Vergiss von Fabrikabgasen geprägte Zeiten! Lothals Hauptstadt zieht nun Besucher aus der ganzen Galaxis an.

## 3. Loth-Wölfe

Lass dir diese geheimnisvollen Kreaturen nicht entgehen. Sie haben eine starke Verbindung zur Macht und sprechen sogar manchmal!

**Düsenschlitten**

### LOTHAL VON OBEN

Sieh dir den Planeten von Bord der *Ghost* aus an, dem Schiff der Rebellen, die es mit dem Imperium aufnahmen!

**Hera Syndulla**
Diese Twi'lek führte das Team von Lothal an und war später Teil der größeren Rebellion gegen das Imperium.

**Großadmiral Thrawn**
Der Imperator schickte diesen blauhäutigen Offizier nach Lothal, um die Rebellion dort auszumerzen.

Entdecke das Kind in dir auf Nevarro!

Finde dich selbst auf Ahch-To

**BITTE DIE PORGS NICHT FÜTTERN!**

Naturschutzbund Ahch-To

# LAUE SOMMERTAGE AUF KAMINO

**ROBUSTER REGENSCHIRM**

Es ist Sommer auf *Kamino*

## KAPITEL 4
# ANDERE ORTE

Auf den meisten Karten der Galaxis wirst du diese Orte nicht finden! Einige liegen in den Unbekannten Regionen oder jenseits des Äußeren Rands, bei anderen streitet man sich gar über die genaue Lage. Nur erfahrene Reisende sollten hier hin!

# KAMINO

Wenn du gerne schwimmen gehst, wirst du diese Meereswelt lieben. Aber erwarte keine Strände – Kamino ist rundum von Wasser bedeckt! Die Städte erheben sich auf Pfählen über den Ozean, und wenn du trocken bleiben willst, halte dich drinnen auf. Überall sonst regnet es ständig!

## 🧳 Packliste

1. Regenschirm
2. Badetuch
3. Schnorchel

**KAMINOANER**
WIR HALTEN IMMER DEN KOPF HOCH!

**NIE MEHR ALLEIN SEIN: MIT EINEM KLON!**
Das perfekte Souvenir einer Reise nach Kamino!

*Nach draußen bei diesem Wetter ich nicht gehe!*

**NIMM EINEN FLUGWAL!**

## Typisches Wetter
Starker Regen und mitunter sehr starker Regen

Jedi-Sternenjäger

**ANDERE ORTE**

# TOP 3 REISE-TIPPS

## 1. Flugwale
Diese auch Aiwhas genannten Tiere können fliegen und schwimmen. Denke daran, wenn du auf einem reitest!

## 2. Tipoca-Stadt
Kaminos hochtechnisierte Hauptstadt besteht aus zwölf riesigen, durch Landeplattformen verbundene Kuppeln.

## 3. Klonanlagen
Die Kaminoaner sind berühmt für ihre Klontechnik. Wenn der Preis stimmt, fertigen sie gern eine Kopie von dir an!

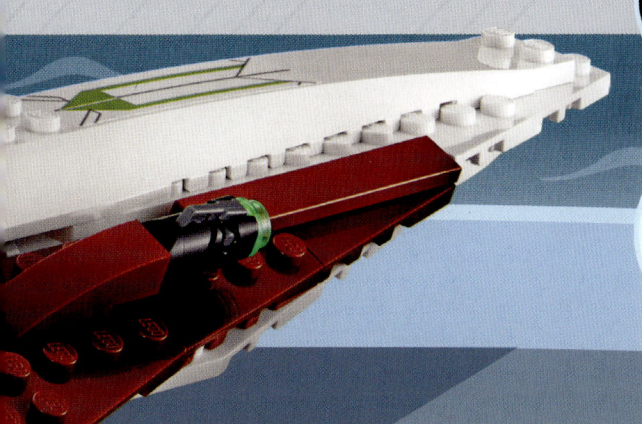

## Wer ist wer auf Kamino?

**Jango Fett**
Der Kopfgeldjäger willigte ein, auf Kamino zu leben, damit die Wissenschaftler dort Klone von ihm erschaffen konnten!

**Boba Fett**
Jangos „Sohn" ist ein auf Kamino geschaffener Klon! Er entwickelte früh eine Abneigung gegen die Jedi und wurde Kopfgeldjäger wie sein „Vater".

**Jangos Klone**
Die Millionen Truppler, die in die Klonkriege zogen, waren Kopien von Jango aus den Laboratorien auf Kamino.

**Obi-Wan Kenobi**
Nur wenige wussten von Kaminos Existenz, bis Obi-Wan sich aufmachte, um den Planeten zu finden!

## Kamino – Kritik

**Klon0000004**
Mir gefällt es hier! Keine Ahnung, wie das meine Klonkameraden sehen.
★★★★★

**Klon0000005**
Mir gefällt es hier! Keine Ahnung, wie das meine Klonkameraden sehen.
★★★★★

# AHCH-TO

Diese ferne Welt ist der perfekte Erholungsort. Kaum jemand weiß, wo sie sich befindet, und als Luke Skywalker es herausfand, machte er ein großes Geheimnis daraus! Vor langer Zeit wurde hier der erste Jedi-Tempel errichtet, aber nun stellen die Millionen megasüßen Porgs die größte Attraktion dar!

## Typisches Wetter
Kalt, nass und windig

## Ahch-To – Kritik

**FalkenFlieger**
Wwarrrrgwaaaahrroo!
★★★★★

**Tempelinsel**

## Wer ist wer auf Ahch-To?

**Luke Skywalker**
Luke verbrachte viele Jahre allein hier, als er glaubte, die Zeit der Jedi müsse vorbei sein.

**Rey**
Rey fand Luke mithilfe einer Karte auf Ahch-To und überzeugte ihn, sie zur Jedi auszubilden.

**ANDERE ORTE**

# WAS IST ANGESAGT AUF AHCH-TO?

**Füttere** die Porgs. Sie mögen Leckereien mit Fischgeschmack!

**Besuche** die Ruinen des alten Jedi-Dorfs auf der Tempelinsel.

**Iss nie** einen Porg – egal ob dir ein Wookiee sagt, dass sie gut schmecken!

**Beschädige** dort **nie** etwas – den Hüterinnen würde es nicht gefallen!

**GRÜNE ENERGIE mit einem Glas THALA-SIRENEN-MILCH!**

*Schön salzig!*

*Süß ihr sein mögt. Nicht nach meinen Seufzern ihr mich beurteilen solltet!*

## 🧳 Packliste

**1.** Eine Karte – ohne kannst du diesen Ort niemals finden!

**2.** Etwas zum Lesen – am besten eine der alten Jedi-Schriften

**3.** Essen und Trinken – sonst gibt es nur die grüne Milch der Thala-Sirenen!

**SCHUTZGEBIET FÜR PORGS**

**ACHTET UNSERE RUINEN!**
Auf der Tempelinsel an die Wege halten!
Kein Feuer oder Zelten!
Möglichst auf Einsatz der Macht verzichten!
DANKE
*die Hüterinnen*

**R2-D2**
Lukes alter Droide reiste mit Rey nach Ahch-To und erinnerte ihn an sein Leben als Rebellenheld.

**Porgs**
Diese putzigen, an den Klippen nistenden Vögel finden sich überall auf der Tempelinsel!

# NEVARRO

Der Vulkanplanet beherbergte Mandalorianer, nachdem das Imperium deren Heimatwelt übernommen hatte. Doch nun sind die meisten fort oder waren gezwungen, in den Untergrund zu gehen. Der Hauptanreiz für Reisende ist die Chance, auf Nevarro berühmte Kopfgeldjäger zu sehen, die zwischen Aufträgen hier entspannen.

**Sieh die berühmten LAVAFELDER auf einer KOPFGELDJÄGER-TRANSPORTER-Tour!**

*Nevarros heißeste Location!*

### Reise-Tipp
Kopfgeldjäger spüren für Geld gesuchte Personen auf. Denkst du, ein Kopfgeldjäger ist dir auf den Fersen, mache ihm den Job nicht leichter, indem du Nevarro besuchst!

*Nur ein Tourist ich bin!*

## Wer ist wer auf Nevarro?

**Der Mandalorianer**
Din Djarin ist ein als „der Mandalorianer" bekannter Kopfgeldjäger. Er gehört einer Gruppe an, die in den Abwasserkanälen lebt.

**Das Kind**
Din brachte den jungen Angehörigen einer vertraut wirkenden Spezies als Gefangenen her. Dann aber verbündete er sich mit ihm!

ANDERE ORTE

*Die Suche nach schönen Souvenirs ist beendet ... im Nevarro-Stadt-Basar!*

# TOP 3 REISE-TIPPS

## 1. Gasthaus in Nevarro-Stadt
Die Kopfgeldjägergilde nutzt dieses Lokal als inoffizielles Hauptquartier. Viele Geschäfte werden hier gemacht!

## 2. Lavaflussfahrt
Mach eine Gondelfahrt auf den feurigen Flüssen unter Nevarro-Stadt. Achte aber auf lästige Lavaerdmännchen!

## 3. Twi'lek-Heilbäder
Stell dir beim Besuch dieses Spas auf Nevarro vor, du würdest auf Ryloth, der Heimatwelt der Twi'leks, entspannen.

*Wie viel bringt der kleine grüne Kerl ein?*

**Typisches Wetter**
Warm und diesig

**KINDER-FREUNDLICHER URLAUBSORT**

**IG-11**
Dieser Kopfgeldjägerdroide sprengte sich auf Nevarro selbst in die Luft, um das Kind zu schützen.

**Greef Karga**
Mandos Kontaktmann bei der Kopfgeldjägergilde ist für gewöhnlich im Gasthaus der Stadt zu finden.

# EXEGOL

Es gibt einen einfachen Rat für jeden, der nach Exegol will: Lass es! Diese Bastion der Sith ist eine in Düsternis gehüllte Wüstenwelt, auf der überall die dunkle Seite stark ist. Als die mächtige Jedi Rey hier Darth Sidious besiegt hatte, suchte sie schnellstens wieder das Weite!

## Packliste

**1.** Nichts – komm einfach nicht hierher!

**2.** Ernsthaft, pack den Koffer wieder weg!

**3.** Verkauf dein Raumschiff und bleib zu Hause!

*Viele Grüße von* **EXEGOL** — *Du wünschtest, du wärst nicht hier!*

–SITH-THRON– NICHT SETZEN!

## Wer ist wer auf Exegol?

**Darth Sidious**
Der einstige Imperator verbarg sich lange auf Exegol, um die Galaxis wieder unter Kontrolle der Sith zu bringen.

**Snoke**
Der einstige Oberste Anführer der Ersten Ordnung wurde hier im Labor als Darth Sidious' Marionette erschaffen.

ANDERE ORTE

# TOP 3 ANTI-REISE-TIPPS

## 1. Die Sith-Zitadelle
Die Basis des mysteriösen Kults der Sith-Ewigen ist ein riesiger schwarzer Kasten, der über dem vernarbten Boden schwebt.

## 2. Der Thron der Sith
Im Herzen der Sith-Zitadelle steht eine der mächtigsten, aber unbequemsten Sitzgelegenheiten der Galaxis!

## 3. Sternenzerstörer-Schrottplatz
Nach dem Sieg des Widerstands auf Exegol stürzte die neue Flotte der Sith auf der Oberfläche des Planeten ab.

**Sith-TIE-Jäger**

**EIN HOCH AUF DIE SITH**
Bei der 1000. EXEGOL-EXPO!
(Zutritt nur in Schwarz)

**Typisches Wetter**
Ständig Unwetter – nicht vergessen: fernhalten!

*Gefallen dieser Ort Darth Vader hätte!*

**Ben Solo**
Kylo Ren wurde hier wieder zu Ben Solo, als er dafür sorgte, dass Reys Geschichte auf Exegol nicht endet.

**Sith-Truppler**
Ihre Rüstung ist zwar hellrot, aber diese Rohlinge von Exegol sind ganz und gar der dunklen Seite ergeben!

# BEGRIFFE

*MACHT! UNBEGRENZTE MACHT!*

**Asteroid**
Ein großer Felsbrocken, der im All treibt.

**Credits**
Metallmünzen und Chips, die als Geld dienen.

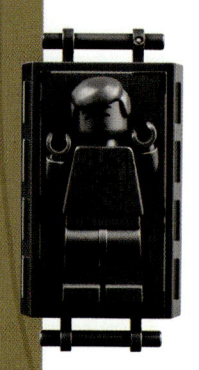

**Droide**
Ein Roboter, der programmiert ist, spezielle Aufgaben zu erfüllen. Es gibt viele verschiedene Arten von Droiden.

**dunkle Seite**
Die böse Seite der Macht, die sich von Furcht und Abneigung nährt.

**Erste Ordnung**
Eine mächtige Gruppe, die aus Überresten des Imperiums entstand und die Herrschaft über die Galaxis zurückwollte.

**Galaxis**
Ansammlung von Millionen Sternen und Planeten.

**Gleiter**
Über dem Boden schwebendes Fahrzeug, auch Flitzer oder Speeder genannt.

**Hologramm**
Ein Abbild aus Licht von etwas, das nicht da ist.

**Hyperantrieb**
Teil des Raumschiffs, der es ermöglicht, schneller als das Licht zu fliegen.

**Imperator**
Der Herrscher über das Imperium.

**Imperiale Armee**
Bodentruppen des Imperiums.

**Imperiale Flotte**
Die Raumstreitkräfte des Imperiums.

**Imperium**
Die Galaxis unter der grausamen Herrschaft von Imperator Palpatine, einem Sith-Lord.

**Jedi**
Person, die die Macht spüren kann und sie für das Gute nutzt. Ein Jedi setzt sich für Frieden und Gerechtigkeit in der Galaxis ein.

**Jedi-Meister**
Ein besonders erfahrener und weiser Jedi.

**Karbonit**
Ein starkes Metall, in das Dinge gehüllt werden, um sie sicher durch die Galaxis zu transportieren.

## Klon
Identische Kopie eines Lebewesens, die im Labor erschaffen wurde.

## Klonkriege
Eine Reihe von Gefechten in der ganzen Galaxis zwischen zwei Gruppen von Welten. Am Ende herrschte das Imperium über den Großteil davon.

## Kopfgeldjäger
Jemand, der für Geld Personen oder Dinge aufspürt.

## Lichtschwert
Schwert mit einer Klinge aus purer Energie, wie es Jedi und Sith nutzen.

## die Macht
Die Energie, die durch alles Lebendige fließt. Sie kann für Gutes und Böses genutzt werden.

## Podrenner
Superschnelles Fahrzeug, das über dem Boden schwebt.

## Raumhafen
Ein Ort, wo Raumschiffe auf einem Planeten landen und von dort wegfliegen.

## Rebell
Jemand, der sich gegen Herrschende zur Wehr setzt.

## die Rebellion
Bezeichnung für die Allianz der Rebellen, die sich gegen das Imperium wehrte.

## Schlammtruppler
Ein Soldat des Imperiums mit Spezialausbildung für Einsätze auf Sumpfwelten.

## Schmuggler
Jemand, der illegale Waren transportiert.

## Schrottsammler
Jemand, der in scheinbar wertlosem Schrott nach nützlichen Dingen sucht.

## Sith
Eine uralte Gruppe von Machtnutzern, die mithilfe der dunklen Seite mehr Stärke erlangen wollen.

## Sith-Lord
Ein hochrangiges Mitglied der Sith.

## Sturmtruppler
Ein Soldat des Imperiums und der Ersten Ordnung.

## Todesstern
Eine riesige Raumstation des Imperiums, die genug Feuerkraft hat, um ganze Planeten zu zerlegen.

## der Widerstand
Die Gruppe, die sich gegen die Erste Ordnung wehrte.

## Zivilisation
Eine gut organisierte, hoch entwickelte Gesellschaft.

# REGISTER

**A**
Ahch-To **74–75**
Ajan Kloss **62–63**
Alderaan **16–17**
Allie, Stass 59
Amidala, Königin Padmé 26–27
Andor, Cassian 65
Antilles, Raymus 17
AT-AT-Läufer 42–43
AT-M6-Läufer 48

**B**
Bacta-Tank 44–45
Bantha 54–55
BB-8 30
Beckett, Tobias 34–35
Bespin 38–39
Binks, Jar Jar 26
Bridger, Ezra 68

**C**
C-3PO 47, 50, 63
Calrissian, Lando 30, 34, 38–39, 41
Chalmuns Cantina 52–53
Chewbacca 25, 28
Chirpa, Häuptling 46
Connix, Lieutenant Kaydel 62
Corellia **14–15**
Coruscant **12–13**
Crait **48–49**

**D**
Dagobah **66–67**
Dameron, Poe 48
Dex's Diner 12

Djarin, Din 76
Dooku, Count 58–59
Droide 13, 23, 27–28, 30, 35, 43, 45, 51, 53, 58–59
Dune, Cara 17
Dünenmeer 51, **56–57**
Durant, Rio 35

**E**
Echo-Basis **44–45**
Emmatt, Caluan 48
Endor, Waldmond **46–47**
Erso, Jyn 33, 64
Erste Ordnung 30–31, 48, 62, 78
Ewok 46–47
Exegol **78–79**

**F**
Fest der Ahnen 30–31
Festival des Lichts 27
Fett, Boba 39, 73
Fett, Jango 73
Feuchtfarm 54–55
Finn 20, 22, 49
Fort Ypso 35
Frachtzug 34–35

**G**
Geonosis **58–59**
*Ghost* 69
Goazon-Ödland 21
Gree, Commander 29
Große Grube von Carkoon 56
Gungan 19, 26–27
Gunray, Nute 61

**H**
Hellerbaumdorf 46–47
Himmelhunde 35
Höhle des Bösen 67
Hoth **42–45**

**I**
Îmwe, Chirrut 33

**J**
Jabbas Palast 51, 57
Jakku **20–23**
Jarrus, Kanan 68
Jawa 50–52
Jedha **32–33**
Jedi-Tempel 12–13, 74
Jundland-Wüste **54–55**, 56

**K**
Kamino **72–73**
Karbonit 39, 41
Karga, Greef 77
Kashyyyk **28–29**
Kef Bir 47
Kenobi, Obi-Wan 54–55, 67, 73
Kernwelten 10–11
Ki-Adi-Mundi 12
Kind, das 76–77
Kohlenstoff-Gefrierkammer 40–41
KoKo-Quartier 12
Kopfgeldjäger 39, 73, 76–77
Krennic, Orson 64
Küstentruppler 64–65
Kyberkristall 32–33
Kybertempel 32

**L**
Landeplattform 64–65, 73
Lars, Owen 51, 55
Lavafloh 60–61
Lavamine 60
Lobot 39
Lodge 34–35
Logray 47

Lor San Tekka 21
Lothal **68–69**
Luggabiest 20–21

## M
Malbus, Baze 32
Mandalorianer, der 76
Maz Kanatas Schloss 24–25
*Millennium Falke* 22
Moloch 15
Mos Eisley 52–53, 56
Mos Espa 51, 56
Mustafar 37, **60–61**

## N
Naboo **26–27**
Nest, Enfys 35
Nevarro **76–77**
Niima-Außenposten 20–21, **22–23**

## O
Old Jho's Pit Stop 69
Organa, Bail und Breha 16
Organa, Leia 16, 25, 63
Otoh Gunga 27

## P/Q
Palpatine, Imperator Sheev 13, 27
Pasaana **30–31**
Plutt, Unkar 22–23
Podrenner 50–51
Poggle der Geringere 58–59
Porg 74–75
Qi'ra 14

## R
R2-D2 63, 67, 75
Rebellion 21, 32, 39, 55, 69
Rebolt 15
Ren, Kylo 48, 79
Rey 20–22, 54, 74, 78
Ritter von Ren 30
Rook, Bodhi 32
Ryloth 77

## S
Sandtruppler 50–51
Sarlacc 56–57
Scarif **64–65**
Schiffsfriedhof 21
Schneetruppler 43
Schwebepanzer 27, 32–33
Senatsgarde 12
Sidious, Darth 78
Sith 60–61, 78–79
Skiff 57
Skywalker, Anakin 50–51, 61
Skywalker, Luke 21, 44, 51, 54–55, 67, 74
Snoke 78
Solo, Ben 79
Solo, Han 14, 24–25, 28, 35, 39, 41
Spectres 68
Sternenjäger 26–27, 72–73
Sternenzerstörer 79
Stoßtruppler 13
Sturmtruppler 20, 34–35, 47, 51
Syndulla, Hera 69

## T
Takodana **24–25**
*Tantive IV* 16–17
Tarfful 28, 29
Tarpals, Roos 27
Tatooine **50–57**
Tauntaun 42–43, 45
Teedo 20–21
Tempelinsel 74–75
Theed 26–27
Thrawn, Großadmiral 69
Tico, Rose 49, 62
Tipoca-Stadt 73
Todesstern 32–33, 58, 64–65
Tusken-Räuber 55
Twi'lek 69, 77

## U
Ugnaught 40–41
Unduli, Luminara 29
Unterwelt 13

## V
Vader, Darth 50, 60–61
Vandor **34–35**
Veers, General 42
Verbotenes Tal 30–31
Vulptex 48–49

## W
Wächter der Whills 32–33
Wampa 43–44
Warrick, Wicket W. 46
Weißwürmer 14–15
Wexley, Snap 62
Widerstand 49, 62–63, 79
Wolkenstadt **38–41**
Wookiee 19, 28–29, 52
Wroshyrbaum 28–29
Wullffwarro 28

## X, Y, Z
X-Flügler 63, 67
Yodas Hütte 66–67
Zymod 62–63

Der DK Verlag dankt Randi K. Sørensen, Heidi K. Jensen, Paul Hansford und Martin Leighton Lindhardt von der LEGO Gruppe, Jennifer Heddle, Michael Siglain und Leland Chee von Lucasfilm, Chelsea Alon von Disney Publishing, Guy Harvey für die Hilfe bei der Gestaltung und Julia March für das Register.

**Lektorat** Helen Murray, Paula Regan, Julie Ferris, Mark Searle
**Gestaltung und Bildredaktion** Jenny Edwards, James McKeag, Jo Connor, Lisa Lanzarini
**Herstellung** Siu Yin Chan, Lloyd Robertson
**Buchkonzept** von Matt Jones

Für die deutsche Ausgabe:
**Programmleitung** Monika Schlitzer
**Projektbetreuung** Christian Noß
**Herstellungsleitung** Dorothee Whittaker
**Herstellungskoordination** Bettina Bähnsch
**Herstellung** Christine Rühmer

Titel der englischen Originalausgabe:
LEGO *Star Wars* Yoda's Galaxy Atlas

© Dorling Kindersley Limited, London, 2021
Ein Unternehmen der Penguin Random House Group
Alle Rechte vorbehalten
Seitengestaltung © 2021 Dorling Kindersley

LEGO, the LEGO logo, the Minifigure and the Brick and Knob configurations are trademarks and/or copyrights of the LEGO Group.
© 2021 The LEGO Group.
All rights reserved.

Manufactured by Dorling Kindersley, One Embassy Gardens, 8 Viaduct Gardens, London SW11 7BW, under license from the LEGO Group.

© and ™ 2021 LUCASFILM LTD.

© der deutschsprachigen Ausgabe by Dorling Kindersley Verlag GmbH, München, 2021
Alle deutschsprachigen Rechte vorbehalten
1. Auflage, 2021

Jegliche – auch auszugsweise – Verwertung, Wiedergabe, Vervielfältigung oder Speicherung, ob elektronisch, mechanisch, durch Fotokopie oder Aufzeichnung, bedarf der vorherigen schriftlichen Genehmigung durch den Verlag.

**Übersetzung** Marc Winter

ISBN 978-3-8310-4320-0

**Druck und Bindung** Leo Paper Products, China

www.dk-verlag.de
www.LEGO.com/starwars
www.starwars.com

# CHANCE AUF EINEN GEWINN

Besuche LEGO.com/lifestyle/feedback, um an einer kurzen Umfrage zu diesem Produkt teilzunehmen und die Chance zu erhalten, ein cooles LEGO® Set zu gewinnen.

Es gelten die Teilnahmebedingungen

## LEGO.com/lifestyle/feedback

**TENTE TA CHANCE POUR GAGNER**

Rends-toi sur LEGO.com/lifestyle/feedback et remplis une courte enquête sur ce produit pour avoir une chance de gagner un super ensemble LEGO®.

Voir Conditions Générales

**CHANCE TO WIN**

Go to LEGO.com/lifestyle/feedback to fill out a short survey for this product for a chance to win a cool LEGO® set

Terms & Conditions apply

**OPORTUNIDAD DE GANAR**

Visita LEGO.com/lifestyle/feedback, responde una breve encuesta sobre este producto y obtén la oportunidad de ganar un fantástico producto LEGO®.

Términos y Condiciones aplicables

**填问卷赢奖品**

访问 LEGO.com/lifestyle/feedback，填写调查问卷，有机会赢得炫酷乐高®套装。

适用相关条款与条件

LEGO, the LEGO logo and the Minifigure are trademarks and/or copyrights of the/sont des marques de commerce et/ou copyrights du/son marcas registradas, algunas de ellas protegidas por derechos de autor, de LEGO Group. All rights reserved/Tous droits réservés/Todos los derechos reservados.
©2021 The LEGO Group.